2019年度からの新方式はこうなる!

アクティブ・ラーニングによる 新全国学テ・正答力アップの法則

田中博之【著】

学芸みらい社
GAKUGEI MIRAISHA

はじめに

アクティブ・ラーニングは、学力アップにつながる！

２０２０年から始まる教育改革のキーワードが、アクティブ・ラーニング（「主体的・対話的で深い学び」）になりました。ＡＩ（人工知能）時代になって、未知の問題を解決する力を育てるために必要なのは、子どもたちに課題を発見し、友だちと協力しながら資料を分析し、情報を処理して、対話を通して主体的に課題を解決する経験を多く積ませることなのです。

そのため今学校では、この「主体的・対話的で深い学び」の授業と学習評価のあり方を探る授業研究が進んでいます。しかし、全国の小中学校を研究授業の講師として訪問していて、少し心配になることが出てきました。

それは、これまで10年以上にわたって取り組まれてきた学力向上のための実践研究の智恵が、アクティブ・ラーニングの授業づくりと断絶していることなのです。つまり、学力向上の研究をしている学校では教師主導の授業がまだまだ多く、逆に、アクティブ・ラーニングの研究指定校では、研究主題や学習指導案のどこにも学力向上というキーワードは見られなくなっています。

しかし私は、この10年間にわたって、学力向上とアクティブ・ラーニングの両方に関わって学校改革や授業改善の研究に取り組んできました。その両者をつなぐことが、これからの学校教育の中心になるべきだと考えてきたからなのです。

アクティブ・ラーニングの時代になれば学力向上はもう忘れてしまっていいのでしょうか？
子どもたちの学力は、アクティブ・ラーニングでは向上しないのでしょうか？
アクティブ・ラーニングで育てる資質・能力は、各教科の学力とは関係ないものなのでしょうか？

こうした疑問について、私が出した答えは、「ＮＯ！」なのです。そして今こそいえるのです。

「アクティブ・ラーニングこそが、子どもの学力向上につながる！」

そこで本書では、私が開設以来12年間務めてきた、文部科学省の全国学力・学習状況調査の専門家会議の委員としての経験と調査研究の結果をふまえるとともに、アクティブ・ラーニング（「主体的・対話的で深い学び」）の授業づくりの研究成果をふんだんに取り入れて、アクティブ・ラーニングによって子どもたちの学力向上を達成する具体的な方法を整理して紹介していきたいと思います。

もちろん、本書は学力向上の即効薬を提供する対策本でもなければ、受検シフト教育を推奨するノウハウ本でもありません。

その逆に、不断の授業改善を続けながら、少なくとも3年間の継続的な実践研究を通して子どもたちの学力を高めようとする粘り強い努力をする学校を応援するために本書を書いています。

結論を先取りして述べるならば、「子どもたちが主体的に学び、友だちと教え合いのための対話を通して、学習内容を深く理解し活用して学習課題を解決するならば、思考力・判断力・表現力などの21世紀型学力は飛躍的に向上する」のです。

本書をもとにして学校の先生方には、子どもたちが自分の未来を切り開く力である21世紀型学力を高められる授業の工夫をしてくださることを期待しています。

本書を書くことができたのは、全国学力・学習状況調査の専門家会議で初代座長を務められた、大阪大学で学んだ筆者の恩師、梶田叡一先生のお陰です。記して御礼申し上げます。ありがとうございます。

最後になりましたが、本書の執筆を薦めてくださった、学芸みらい社の編集長、樋口雅子さんに心より御礼申し上げます。樋口雅子さんは、私がまだ大阪大学の院生であった頃から雑誌原稿を書く機会を与えてくださり、研究者としてのスタートを切る応援をしてくださいました。また、私の最初の単著である『総合的な学習で育てる実践スキル30』や『フィンランド・メソッドの学力革命』などの著作の編集を通して、私が研究成果を著すことをご支援くださったことに今でも深く感謝しています。

日本の子どもたちの学力向上の取り組みは、まだ道半ばです。ぜひ、多くの先生方のご協力を得て、この動きを一層力強く前進させていきたいと願っています。どうぞよろしくお願いします。

2019年3月吉日

早稲田大学教職大学院・教授
田中博之

目　次

Ⅲ章　大学入学共通テストにも通用する学力「記述力」が育つ

Ⅳ章　Q＆A　学テを正確に受け止める教師の資質・能力とは

Ⅴ章　学テ実施12年ーどんな問題がクローズアップされたか
事件簿を検証するー

Ⅵ章　秋田式探究型授業による学力向上のヒミツを探る

Ⅶ章　学力アップの成果を上げた実力校の
「石の上にも3年の法則」

I

アクティブ・ラーニング（主体的・対話的で深い学び）で学テの正答力アップの理由

予想や仮説を立てる

では、本書のタイトルのとおり、アクティブ・ラーニングがなぜ学力調査の正答力アップにつながるのかについて、具体的に解説していきましょう。

一般的には、アクティブ・ラーニングは学力向上にとって逆効果であると信じられているようです。

思い起こせば、アクティブ・ラーニングに似ている総合的な学習の時間についても、学力低下を引き起こすという全く根拠のない言説が２０００年頃に学校を席巻していました。もちろんいわゆる「歌って、食べて、遊んで、踊る」だけの総合的な学習の時間では、国語科や算数・数学科の学習時間が削られた分だけ、学力低下につながる可能性はありました。しかし、学習指導要領が求めるような、「問題解決的な資質・能力を身に付け、調べて、まとめて、発表する」総合的な学習の時間や、キャリア意識を高める進路学習を行う総合的な学習の時間であれば、逆に学力調査の正答率が上がった小学校はいくらでもありましたし、大学入試の進路実績を大学合格数で3倍増にした高校もあったのです。

ですから、大切なのは教育方法の中身を充実させることなのです。充実させていけば、アクティブ・ラーニングをすることによって、そのイメージとは逆に、学力や正答力をアップできます。

逆にそうしなければ、もうこれ以上子どもたちの学力向上は望めないといっても過言ではありません。アクティブ・ラーニングを学習指導要領の定義どおりに、そして、筆者が提案する「深い学びの技法」を採用して実施すれば、子どもたちの学力（正答力）は必ず向上していきます。

その秘訣を、ここで紹介しましょう。

1 アクティブ・ラーニングとは何か？

まずしっかりと考えておきたいことは、アクティブ・ラーニングであればなんでもよい、というわけではないことです。中央教育審議会が、新学習指導要領のためのキーワードを、「アクティブ・ラーニング」にしてから、その定義について諸説が流され、何を信じればよいのか分からないほどの混乱が起きたことは記憶に新しいでしょう。いろいろな大学の研究者や学校の先生、教育委員会が勝手な定義を始めたため、次のような五つの誤解が生じたのです。それは、大変困った状況でした。

・講義式授業以外のすべての学習方法はなんでもアクティブ・ラーニングである
・アクティブ・ラーニングを実施する利点は、生徒が寝なくなることである
・アクティブ・ラーニングの特徴は、子どもたちが教室中を歩き回ることである
・アクティブ・ラーニングのねらいは、受験問題集を解いて進学実績を上げることである
・アクティブ・ラーニングとは、ジグソー法などの対話型を入れた授業のことである

この中で、「進学実績を上げる」ことは、学力向上に関連することなのでよいことなのですが、「受験問題集で過去問をグループで解き合う」ことがアクティブ・ラーニングの主な学習方法であるとまでいわれると、それは学校での授業改善の話ではなく、夏休みの補習授業や予備校の受験対策教育になってしまいます。

このような五つの特徴は、どれも中央教育審議会答申や新学習指導要領には書かれていません。「アクティブ」と「ラーニング」の間にある中黒点のあるなしを問わず、この五つの特徴をもつ学習を実施してしまうと、「浅い学び」になることを中央教育審議会は危惧したと考えられます。

その証拠の一つに、「答申」（２０１６年12月発表）の中には次のような指摘があります。

形式的に対話型を取り入れた授業や特定の指導の型を目指した技術の改善にとどまるものではなく、子供たちそれぞれの興味や関心を基に、一人一人の個性に応じた多様で質の高い学びを引き出すことを意図するものであり、さらに、それを通してどのような資質・能力を育むかという観点から、学習の在り方そのものの問い直しを目指すものである。（中央教育審議会答申、26頁）

つまり、この指摘の中には、上記の五つのような浅い特徴をもつ学習ではなく、多様な資質・能力の育成や課題解決的な学び、価値の創造、考えの形成、さらに、習得・活用・探究という学習の過程に沿った学びなど、より高度な学びの実現という意図が含まれているのです。このような特徴が、本書でお薦めするアクティブ・ラーニングの姿なのです。

では、こうしたアクティブ・ラーニングの充実方法を、もう少し具体的に考えていきましょう。

まず、アクティブ・ラーニングの定義は、中央教育審議会答申を参考にすると、次のようにとらえることが大切です。

【アクティブ・ラーニングの定義】（「答申」のキーワードをもとに、筆者が作成）
アクティブ・ラーニングとは、「課題の発見・解決に向けた主体的・協働的・創造的な学びであり、習得・活用・探究という学びの過程に沿って自らの考えを広げ深める対話を通して、多様な資質・能力を育てる目標達成的な学習」である。

この定義に含まれるキーワードは、どれもアクティブ・ラーニングを充実させるうえで欠かせない特徴になっています。これらのキーワードのほとんどは、現行の学習指導要領にもすでに含まれているものが多く、そのことからも、中央教育審議会はアクティブ・ラーニングを特徴付けるにあたって現行の学習指導要領との整合性やそこからの継続性を重視したことが分かります。

ですから、アクティブ・ラーニングという新しい聞き慣れない用語がアメリカから入ってきたといっても、それは大学教育での講義式大人数授業の改善をねらいとしたものでしたから、日本の義務教育や高等学校の教育にあてはめられるものではなかったのです。

また一方で、多くの誤解されたイメージのように、アクティブ・ラーニングは、教室を子どもたちが歩き回り、教科書の内容を分からない子に分かっている子が教えるといった一方向の学習でもないのです。

アクティブ・ラーニングという用語のままではこうした多くの誤解が解けなかったために、中央教育審議会は、「主体的・対話的で深い学び」という、アクティブ・ラーニングの基本的な三つの特性を生かした新しい用語を作り、新学習指導要領で採用することにしました。そのような経緯があって、新学習指導要領には、アクティブ・ラーニングという用語はもはや入っていないのです（ただし「総則」の解説には入っていますので本書でも使用しています）。

では、すでに旧聞に属することですが、この「主体的・対話的で深い学び」の特徴について、中央教育審議会ではどのように定義したでしょうか。

「答申」では、アクティブ・ラーニングの定義である「主体的・対話的で深い学び」の精神を次のように述べています。

「『主体的・対話的で深い学び』の実現とは、特定の指導方法のことでも、学校教育における教員の意図性を否定することでもない。人間の生涯にわたって続く「学び」という営みの本質を捉えながら、教員が教えることにしっかりと関わり、子供たちに求められる資質・能力を育むために必要な学びの在り方を絶え間なく考え、授業の工夫・改善を重ねていくことである。」（中央教育審議会答申、49頁）

ただしこれだけでは抽象的ですので、「答申」で特徴付けられた三つの視点を次に紹介しましょう。これら三つの視点を生かした授業改善がこれから求められるのです。

①主体的な学びとは

学ぶことに興味や関心を持ち、自己のキャリア形成の方向性と関連付けながら、見通しを持って粘り強く取り組み、自己の学習活動を振り返って次につなげる「主体的な学び」が実現できているか。

子供自身が興味を持って積極的に取り組むとともに、学習活動を自ら振り返り意味付けたり、身に付いた資質・能力を自覚したり、共有したりすることが重要である。

（中央教育審議会答申、49～50頁）

②対話的な学びとは

子供同士の協働、教職員や地域の人との対話、先哲の考え方を手掛かりに考えること等を通じ、自己の考えを広げ深める「対話的な学び」が実現できているか。

身に付けた知識や技能を定着させるとともに、物事の多面的で深い理解に至るためには、多様な表現を通じて、教職員と子供や、子供同士が対話し、それによって思考を広げ深めていくことが求められる。

（中央教育審議会答申、50頁）

③深い学びとは

習得・活用・探究という学びの過程の中で、各教科等の特質に応じた「見方・考え方」を働かせながら、知識を相互に関連付けてより深く理解したり、情報を精査して考えを形成したり、問題を見いだして解決策を考えたり、思いや考えを基に創造したりすることに向かう「深い学び」が実現できているか。

子供たちが、各教科等の学びの過程の中で、身に付けた資質・能力の三つの柱を活用・発揮しながら物事を捉え思考することを通じて、資質・能力がさらに伸ばされたり、新たな資質・能力が育まれたりしていくことが重要である。教員はこの中で、教える場面と、子供たちに思考・判断・表現させる場面を効果的に設計し関連させながら指導していくことが求められる。

（中央教育審議会答申、50頁）

これでもまだ抽象的ですが、少しずつ新学習指導要領が求めている授業改善の方向性が、「主体的・対話的で深い学び」という新しいキーワードによって明らかになってきました。ここまで見てきて、冒頭に列挙した五つの誤解が、まさにアクティブ・ラーニングの誤った定義であることを理解することができるでしょう。

2 アクティブ・ラーニングは、なぜ子どもたちの学力向上につながるのか?

ではなぜ「主体的・対話的で深い学び」の特徴をもつアクティブ・ラーニングが、子どもたちの学力向上に、そして、全国学力・学習状況調査の正答力アップにつながるのでしょうか。それを、もう少し具体的に見てみましょう。

まず結論からいうと、それは表1のように理解することができます。

中央教育審議会の「主体的・対話的で深い学び」の特徴を、筆者なりにとらえて、それぞれの特徴と全国学力・学習状況調査の調査問題の特徴を関連付けてみたのです。そうすると、多くの点で一致が見られました。この表の中で、それぞれの右向き矢印の左側が「主体的・対話的で深い学び」の特徴であり、右側が全国学力・学習状況調査の調査問題（学力テスト）の特徴です。全部で、11個のペアが作られています。

アクティブ・ラーニングが、子どもの学力向上に効果的な理由は、その授業改善の視点である「主体的・対話的で深い学び」の特徴が、全国学力・学習状況調査の調査問題を解くために必要な思考力・判断力・表現力を育てるうえで有効だからです。

では、それぞれのペアについて詳しく見てみましょう。

3 「主体的な学び」が子どもの正答力を高める

まず、「主体的な学び」のあり方と学力調査の問題の特徴は、どのように関係しているでしょうか。

一つめは、自分の考えを積極的に発表するという「主体的な学び」を続けることで、学力調査でよく出題される、「自分の考えを100字で記述する問題」が解きやすくなります。

学力調査では小学校でも中学校でも国語科で最近は必ず100字条件作文が出ていますので、思いつきで勝手な意見を自由に発表するというのではなく、アクティブ・ラーニングで発表活動をするときには、100字から200字程度で考えを整理して論理的な発表をさせるようにしましょう。

二つめは、アクティブ・ラーニングで身近な日常の題材に関心を持って調べたり考えたりすることを継続していくと、「身近な日常の題材を取り入れた

「主体的な学び」のあり方と学力調査の問題の特徴		
・自分の考えを積極的に発表する	→	自分の考えを100字で記述する問題
・身近な日常の題材に関心を持つ	→	身近な日常の題材を取り入れた問題
「対話的な学び」のあり方と学力調査の問題の特徴		
・グループで対話や討論をする	→	対話や討論場面を設定した問題
・友だちの考えを評価する	→	Aさんの考えの正誤を説明する問題
・ディベートやパネル討論をする	→	立場を明確にして考えを書く問題
「深い学び」のあり方と学力調査の問題の特徴		
・資料を引用して説明する	→	キーワードを引用して記述する問題
・知識を活用して活用問題を解く	→	提示された解法を活用して解く問題
・複数資料を比較して考察する	→	複数資料を比較して考察する問題
・文章と式で説明する	→	文章と式で説明する問題
・間違いを修正して改善する	→	間違いを修正して改善する問題
・次時の新しい学習課題を考える	→	「新たな疑問」を書く問題

表1 アクティブ・ラーニングの視点と学力調査の問題の関連

問題」が解きやすくなります。

　特に学力調査では、算数・数学科や理科、英語科の問題について、子どもたちが日常の学校や家庭、地域で出合う経験を題材とした設問が多く出されています。これはさかのぼれば、ＯＥＣＤのＰＩＳＡ調査がそのような出題傾向にあったことが原因になっていますが、学力調査の傾向を見ていると、ますますそうした問題内容の特徴がはっきりしてきています。ですから、各教科の授業においては、数値だけで計算させる活動や単語と慣用表現を組み合わせるだけの作文ではなく、学校行事や生徒会で話し合うことを題材にしたり（国語科）、体力測定や運動技能の評価活動を題材にしたり（算数・数学科）、南極のペンギンの個体数の減少という環境問題を題材にしたり（英語科）する、といった工夫が必要です。最近では、教科横断的な生活経験の題材化といった新しい視点もすでに学力調査に入ってきていますから、注意が必要です。

4 「対話的な学び」が子どもの正答力を高める

　次に、「対話的な学び」のあり方と学力調査の問題の特徴の関連性について、見てみましょう。

　表１にあるように、一つめに、グループで対話や討論をする活動を継続していくと、「対話や討論場面を設定した問題」を解く力が付いてきます。

　ただしここでも、ただ漠然と話し合わせるだけでは効果はありません。学力調査の問題を見てみると、子どもたちによる「学級会」や「討論会」「読書交流会」などのように、めあてと形式が明確な話し合いの場面が再現された設問が多いのです。国語科以外にも、算数・数学科では問題の解き方について子どもたちが話し合う場面や、理科では実験のあり方をめぐって、正しい実験のあり方やデータの読み取り方、考察の仕方を話し合う場面が出てきます。今後は英語科でも、例えば環境問題や異文化間トラブルなど、多様な意見が生まれて話し合うことを通して合意形成を図るような題材を用いた設問が増えてくるのではないでしょうか。つまり、アクティブ・ラーニングでの多様なコミュニケーション活動を経験していることが、学力調査の問題を解くうえで不可欠な思考モデルを形成していくのです。

ですから、そうした教科の授業では、学級会や討論会、ディベート、パネルディスカッション、意見交流会などのように形式の明確なコミュニケーション活動をしっかりと経験させるとともに、その中で、①話し合いの進行の仕方、②立場を明確にした意見表明の仕方、③資料の引用の仕方や根拠を明示する方法、④賛成意見や反対意見の出し方、⑤話し合いのまとめ方とズレの修正の仕方、⑥全体を通して話し合いの内容の推移を把握する方法、などのコツをしっかりと教えて習得させることがポイントになってきます。

二つめは、友だちの考えを評価する活動を経験しておくことによって、「Aさんの考えの正誤を説明する問題」に関わる正答力が上がってきます。

学力調査の算数・数学科や理科では、「AさんやBさんの考えが正しいか誤っているかを判断して、そのわけを文章と式を組み合わせて説明しなさい」といった設問が毎年のように出ています。ここ数年では、算数・数学科で、「Aさんの考えが間違っているわけを説明することを求める問題」が出題されています。ですから、こうした問題の正答率を上げるには、子ども同士で問題を解いた結果を書かせて、グループでそれらを相互評価して修正させるような活動が効果的です。つまり、アクティブ・ラーニングの算数・数学科の授業では、問題を解きっぱなしにするのではなく、子どもたちの考え方や式と答えをグループ内で見せ合い、修正させるという相互評価活動をしっかりと経験させるようにしましょう。

「対話的な学び」の三つめのペアは、ディベートやパネル討論をすることで、「立場を明確にして考えを書く問題」を解く力が付いていくというものです。

すでに立場を明確にした対話の大切さについては前ページで指摘しましたが、授業では、ディベートやパネルディスカッションなどの多様なコミュニケーション活動をする中で、自分の立場を明確にして、資料を引用しながら論理的に意見を述べる経験を豊かにしておきたいものです。学力調査の問題では、問題文の中で話し合いに参加しているある子どもの立場について、「あなたの考えを条件に沿って書きなさい」という設問がよく出されますので、それへの対応をすることになります。

ただし、ここで「資料を引用しながら」という条件を付けて解説していますが、実は厳密には、それは「深い学び」の特徴ですので、次に「深い学び」の特徴がどのようにして学力調査の問題に関連しているかについて、見ていくことにしましょう。

5 「深い学び」が子どもの正答力を高める

ここでは、六つのペアを紹介します。興味深いことに、アクティブ・ラーニングの視点の中で、「深い学び」こそが、実は学力調査との関連性が強いのです。しかもその関連性は、学力調査の問題Bについて焦点化されています。これは、アクティブ・ラーニングと学力調査の関係を考えるうえで、最も重要なポイントです。なぜなら、アクティブ・ラーニングの最大の特徴である「能動性」だけに注目していると、教科内容の深い理解や深い視点で考える力の育成がおろそかになることを心配して、中央教育審議会では「深い学び」という造語を生み出したからなのです。

つまり、アクティブ・ラーニングの視点の中で、「深い学び」こそが、学力向上に、そしてとりわけ活用問題と呼ばれる問題Ｂの正答率に最も強く関係しているのです。よく学校を訪問したり、教育委員会主催の講演会に招かれたりすると、「学力調査の問題Ｂの正答率が、なかなか上がらないのですが……」という悩みを聞くことが大変多いのですが、それについては、「深い学びを取り入れるといいですよ」と答えるようにしています。

ただしこの「深い学び」の特徴を説明すると長くなりますから、それはⅡ章にゆずることにして、ここでは次のような六つの関わりのポイントに注目して簡潔に考えることにしましょう。

「深い学び」とは、思いつきや勘、当てずっぽうで考えるのではなく、理由や根拠を明確にして、資料やデータを引用しながら、自分の考えを条件に沿ってわかりやすく説明することを組み入れた学びなのです。そのため、ここでは、①資料を引用して説明する、②知識を活用して活用問題を解く、③複数資料を比較して考察する、④文章と式で説明する、⑤間違いを修正して改善する、⑥次時の新しい学習課題を考える、という六つの「深い学びの技法」を取り上げて、学力調査の問題との関連性を説明します。

一つめは、「深い学び」の中で資料を引用して説明することを継続していけば、「キーワードを引用して記述する問題」を解く力が付いてくることです。

資料を引用するといっても、学力調査では１００字程度が解答する文字数の限界ですから、実際にはキーワードをいくつか引用することと同じ意味になります。アクティブ・ラーニングで話し合いをしたり発表をしたり説明をしたりするときには、必ず主張点や反論点の根拠となる資料やデータを引用しなければなりません。そのため、こうした練習によって効果的な引用の方法を身に付けておくと、学力調査で「問題文の中から必要な箇所を引用して述べなさい」といった問いが出てもうまく処理ができるようになるのです。

この「引用力」という学力は、小学生でも中学生でもまだ学校で十分に育てられてはいません。ですから、国語科や社会科、総合的な学習の時間の授業で、資料を引用して根拠の明確な短文を書いて発表させるような活動をできる限り多く経験させるようにするとよいでしょう。

二つめとしては、知識を活用して活用問題を解くことを続けていくと、「提示された解法を活用して解く問題」が解けるようになってきます。

活用問題というのは、主に算数・数学科の学力調査で出題される問題Bのように、複数資料提示型記述式文章題のことであり、OECDのPISA調査で初めて提案された形式の問題です。これまでのテスト問題が、知識の正確な暗記を主に測っていたのとは異なり、既有知識をうまく工夫して活用することによって問題を解くために必要な、柔軟で粘り強い思考力と論理的な表現力があるかどうかを測る問題なのです。日本の全国学力・学習状況調査は、そうした特徴をもつPISA調査を参考にして問題Bを作成していますから、授業においても活用問題を解く練習をしておくことが子どもの正答力アップには欠かせません。

幸いなことに、現行の学習指導要領においてすでに、「活用を図る学習活動」の大切さが提唱されています。から、中途改訂された現行の教科書にはいくつかの活用問題が入っています。ですから、全国学力・学習状況調査の過去問を解くまでもなく、教科書の活用問題をしっかりと解いていくことで、活用問題の正答率がアップするのです。しかし残念なことに、現時点ではそうした活用問題にあてることができる授業時数は、教科書の指導書ではほとんど取られていません。２０２０年以降の教科書の改訂で活用問題に授業時数があてられるかどうかが、活用問題の正答率をアップさせるうえで決定的なポイントになります。

もう少し詳しく解説すると、ここで取り上げた学力調査の問題の種類は、「提示された解法を活用して解く問題」ですから、授業では特に意図的に解法を明示してから、その活用方法を考える練習をする必要があります。例えば、算数・数学科の順列の考え方やｎ個で一般化する問題などが、これにあてはまります。過去問を調べて、しっかりと対応しておきましょう。

三つめに、複数資料を比較して考察する活動をさせておくと、「複数資料を比較して考察する問題」の正答力が徐々に向上してきます。

すでに説明しているように、学力調査のどの教科でも、問題Ｂでは必ず、「複数の資料を比較検討して解く問題」が出ます。それは、学力調査における出題方針の絶対条件であるといえます。なぜなら、ＯＥＣＤのＰＩＳＡ調査が提案した読解力（Reading Literacy）という能力が、それを含んでいるからなのです。

そう考えると、どの教科の授業においても、時々は、複数の資料を提示して、それらを比較検討して考察した結果を、知識を活用して簡潔に論理的に書くという活動を、意図的・計画的に組み込んでおくことが大切です。

その際に大切なことは、まず、資料といっても文章資料だけでなく、どの教科でも文章に加えて写真やグラフ、表、式、図などを組み合わせて考える学習課題を出すようにすることです。現代社会では、こうした多様な種類の資料を複数組み合わせて考察し、判断し、表現することが求められるようになったからです。そのため、国語科や社会科、理科、総合的な学習の時間で研究レポートを書くときには、そうした多様な資料を引用して説明文や意見文にまとめるようにすることが大切です。

四つめに、文章と式で説明することを続けていけば、「文章と式で説明する問題」の正答力がアップします。学力調査では、算数・数学科の問題Ｂには、「文と式を組み合わせて書きましょう」という条件が必ず付くことをご存じでしょう。なぜなら、それはＯＥＣＤのＰＩＳＡ調査が提案する読解力の一要素であり、また、数学的な見方・考え方を活用して表現する一つの方法だからです。

ですから、算数・数学科の授業では、答えが合っていればよいとか式が合っていればよいというのではなく、そのような式と答えがなぜ正しいのかを論理的に文章で説明する場面を多く設定しておくことが必要です。できれば子どもたちに口頭で言わせるだけでなく、まずノートやホワイトボードに書かせてから発表させるようにした方が、文章と式を組み合わせた正しい書き方を子どもたちに可視化・意識化できるため効果的なのです。さらに、そうして書いたノートなどをグループで相互評価させて書き方を修正する時間を確保しておくと、さらに正答力がアップします。

五つめは、間違いを修正したり改善する活動をさせておくと、「間違いを修正したり改善する問題」がしっかりと解けるようになってきます。

最近の算数科の学力調査の問題を見てみると、「Aさんの考え方が間違っているわけを、文と式で書きなさい」という指示が出ることが多くなっています。この「間違っているわけを書く」ということは、Aさんの考え方の誤りを修正することと同じことなのです。理科の問題でも、同じように、「どうすれば正しい考え方になるか」を書かせたり適切な選択肢を選ばせたりするようになっています。

ですから授業では、まず教師の方から間違いを修正する方法を例示した後で、それを参考にして友だち同士の考えを観点や条件に照らして修正し書き直すような相互評価の場面を多くするようにしましょう。

六つめとして最後にお薦めしたいのは、授業で次時の新しい学習課題を考えるために振り返りをしっかりと書かせるようにすることです。そうすれば、少しずつ「『新たな疑問』を書く問題」で自分の疑問を、既有知識や与えられた実験結果や考察結果をふまえてしっかりと書けるようになってきます。

これらの六つの「深い学びの技法」を授業で設定することは、必ずしも楽なことではありませんが、学校全体で多くの教科で少しずつ入れられるよう、研究授業を通して授業改善を継続していくことを期待しています。3年間の継続的な校内研究を通して、多くの教科ですべての先生が「深い学び」に取り組むようになれば、必ず学力調査の正答率が10ポイント以上高まってきます。そうした学校での成功例をここで紹介しましたので、ぜひ試してみてください。具体的な授業事例については、参考文献を見てください。

【参考文献】

田中博之編著『言葉の力を育てる活用学習』ミネルヴァ書房、２０１０年
田中博之著『アクティブ・ラーニング実践の手引き』教育開発研究所、２０１６年
田中博之著『改訂版カリキュラム編成論』ＮＨＫ出版、２０１７年
田中博之著『アクティブ・ラーニング「深い学び」実践の手引き』教育開発研究所、２０１７年

コラム1

2019年度から問題Aと問題Bの一体化問題が出る!

　今回の改訂ポイントの一つは、これまで別冊子として提供されてきた国語科と算数・数学科の問題Aと問題Bが一体となり、いわゆるA・B一体化問題になって一冊の冊子として出題されることです。それに伴い、調査実施時間数も2単位時間分減ることになりますので、学校にとっては負担減になります。文部科学省では、次のような改訂の方向性を出しています。

文部科学省【調査問題の在り方の見直しの方向】（一部省略）

○具体的には、国語、算数・数学については、例えば日常生活の場面と関連付けられた設定の下、内容のまとまりに対応する大問の中で複数の小問が展開する構成とすることなどにより、自然に調査問題に表された学習過程に沿って解くことができる出題とすることなどが考えられる。その際、最初の設問に解答できないと、当該大問は全て解答できないという出題にならないよう留意する必要がある。

○なお、従来A問題の中で測られてきた基礎的な知識・技能は、新しい学習指導要領においても育成すべき資質・能力として重要であるため、児童生徒の学力・学習状況として今後も把握する必要があり、今回の見直し後においても、問題を精選したうえで、調査問題の大問の中の1つとして出題するなど工夫することとする。

（資料2-1　知識・活用を一体的に問う調査問題の在り方について）

　そこでこれから大切になるのは、基礎基本の習得に関わる指導とそれらを活用する指導をより一層関連付けて考えさせる授業を展開するとともに、子どもたちには、活用問題を解かせるときに「どの既習の知識や技能を活用すれば解けそうか?」という活用の意識をもって考える習慣を付けさせることなのです。

Ⅱ

子どもたちの正答力を高める「深い学びの技法」はこれだ！　ベスト９

クラス全体に発表する

では、もう少し具体的に、子どもたちの学力調査の正答力をアップさせる方法を考えてみましょう。ここでは、新学習指導要領で提唱された「深い学び」を生み出す学びの技法を紹介しながら、学力向上に効果のある方法を紹介しましょう。

1 学力向上は「深い学び」の技法を活用すればOK

すでに本書のI章で解説したように、学力調査の問題Bにあるような「資料提示型記述式文章題」で正答する力は、教師が正解を解説する一斉指導では、子どもたちには身に付きにくいのです。そうではなくて、子どもたちが、「理由や根拠を示して説明する」ことや「複数の資料を比較して考察する」こと、さらに、「既有の知識を活用して問題を解決すること」などに取り組ませることが大切になります。

なぜなら、文部科学省が実施する全国学力・学習状況調査の問題Bを解くには、PISA型読解力に代表される思考力・判断力・表現力が不可欠だからです。

この章では、私が提案している「深い学びの技法20」という、子どもたちの深い学び方の具体像を解説していきましょう。

表2を見てください。この表には、私が新学習指導要領の改訂の趣旨をふまえて、PISA型読解力や思考力・判断力・表現力を育てるために効果的な方法や学力向上に効果的なフィンランド・メソッドなどを組み合わせて整理した、具体的な学び方が20種類含まれています。

過程	技法	特徴
設定	①学んだ知識を活用して課題や目標を設定する	それまでに学んだ既習の知識を活用して、新たな発見や解決につながる学習課題や学習目標、成長目標を設定する。
	②知識やデータに基づいて仮説の設定や検証をする	思いつきや勘だけで考えるのではなく、既習知識やデータに基づいて見通しをもったり、仮説の設定や検証を行ったりする。
	③視点・観点・論点を設定して思考や表現をする	ただ漫然と考えたり対話したりするのではなく、視点・観点・論点を設定して焦点化した思考や表現をする。
	④ R-PDCA サイクルを設定して活動や作品を改善する	ただ作って終わり考えて終わりの学習にするのではなく、R-PDCA サイクルを設定して活動や作品の改善を行う。
思考	⑤資料やデータに基づいて考察したり検証したりする	思いつきや勘だけで答えを当てるのではなく、資料やデータ、叙述に基づいて、それらを引用して自分の考えを形成する。
	⑥複数の資料や観察結果の比較から結論を導く	複数の資料や観察結果をもとに、それらを比較したり関連づけたりして共通点や相違点を検討し、しっかりとした結論を出す。
	⑦視点の転換や逆思考をして考える	異なる視点や逆のプロセスから考えたりして、相手の心情や自然現象、社会事象を多面的・多角的に考察し表現する。
	⑧異なる多様な考えを比較して考える	自分とは異なる多様な考えや意見を参考にして、自分の考えや意見を根拠や論理を明確にして形成したり再定義したりする。
解決	⑨学んだ知識や技能を活用して思考や表現をする	学んだ知識や技能を活用したり、それらを組み合わせて活用したりして、考えたり表現したりする。
	⑩友だちと練り合いや練り上げをする	対話を通して、改善課題を出し合ったり新しいアイデアを生み出したりして、考えや作品、パフォーマンスを練り上げる。
	⑪原因や因果関係、関連性を探る	自然現象や社会事象などの表面的な特徴だけでなく、その原因や因果関係、他の現象や事象との関連性について探る。
	⑫学んだ知識・技能を活用して事例研究をする	一般的な制度やシステムの理解だけでなく、その知識を活用して身近な生活や社会に関する具体的な事例研究を行う。
表現	⑬理由や根拠を示して論理的に説明する	思いつきで考えるのではなく、理由や根拠を資料やデータを引用して、文章や式、図を組み合わせてわかりやすく説明する。
	⑭学習モデルを活用して思考や表現をする	思いつきではなく、しっかりとした学習モデル（思考や表現の技、アイテムなど）に基づいて思考や表現をする。
	⑮自分の言葉で学んだことを整理しまとめる	本や資料をそのまま要約するのではなく、既有知識を活用して自分なりの言葉や表現を工夫して書いたり話したりする。
	⑯要素的な知識や知見を構造化・モデル化する	調べたり集めたりした知識や情報、データ、知見などを総合的に組み合わせて、構造化やモデル化をして表現する。
評価	⑰既製の資料や作品を批判的に吟味検討する	既製の資料や作品の正しさや根拠をそのまま受け取るのではなく、自ら他の資料やデータにあたって批判的に検討する。
	⑱身につけた資質・能力をメタ認知し成長につなげる	学習課題を解決する過程で、どのような資質・能力を身につけたのかをメタ認知して、次の自己成長への展望をもつ。
	⑲学習成果と自己との関わりを振り返る	学習成果を客観的に示すだけでなく、そこで得た学びの意義や価値を自分の考えや生き方と関連づけて考察し価値づける。
	⑳学んだことを生かして、次の新しい課題を作る	その授業や単元で学んだことから、次に取り組みたい新しい課題を考えて、次の学びへとつなげる。

表２　深い学びの技法20　ver.2.3

これら20個の深い学びの技法は、新学習指導要領で提唱されている「深い学び」そのものです。なぜなら、文部科学省が定義している「深い学び」の特徴と「深い学びの技法20」には、共通点が多いからです。

【新学習指導要領が提唱する「深い学び」の定義】

習得・活用・探究という学びの過程の中で、各教科等の特質に応じた「見方・考え方」を働かせながら、知識を相互に関連付けてより深く理解したり、情報を精査して考えを形成したり、問題を見いだして解決策を考えたり、思いや考えを基に創造したりすることに向かう「深い学び」が実現できているか。

子供たちが、各教科等の学びの過程の中で、身に付けた資質・能力の三つの柱を活用・発揮しながら物事を捉え思考することを通じて、資質・能力がさらに伸ばされたり、新たな資質・能力が育まれたりしていくことが重要である。教員はこの中で、教える場面と、子供たちに思考・判断・表現させる場面を効果的に設計し関連させながら指導していくことが求められる。

（中央教育審議会答申、50頁）

この定義の中のキーワードでは、「活用」「知識の関連付け」「考えの形成」「解決策を考える」「創造する」といった特徴が、「深い学びの技法20」に十分反映されています。

では、その20個の深い学びの技法（方法）を次に列挙しましょう。

①学んだ知識を活用して課題や目標を設定する
②知識やデータに基づいて仮説の設定や検証をする

③視点・観点・論点を設定して思考や表現をする
④Ｒ－ＰＤＣＡサイクルを設定して活動や作品を改善する
⑤資料やデータに基づいて考察したり検証したりする
⑥複数の資料や観察結果の比較から結論を導く
⑦視点の転換や逆思考をして考える
⑧異なる多様な考えを比較して考える
⑨学んだ知識や技能を活用して思考や表現をする
⑩友だちと練り合いや練り上げをする
⑪原因や因果関係、関連性を探る
⑫学んだ知識・技能を活用して事例研究をする
⑬理由や根拠を示して論理的に説明する
⑭学習モデルを活用して思考や表現をする
⑮自分の言葉で学んだことを整理しまとめる
⑯要素的な知識や知見を構造化・モデル化する
⑰既製の資料や作品を批判的に吟味検討する
⑱身につけた資質・能力をメタ認知し成長につなげる
⑲学習成果と自己との関わりを振り返る
⑳学んだことを生かして、次の新しい課題を作る

こうした深い学びの技法を、ふだんの各教科の授業では一つか二つ取り入れて、子どもたちに主体的に取り組むように配慮し、学期に1回程度実施する「重点単元」では、三つか四つ程度を組み合わせて子どもたちが取り組むように活動構成するとよいでしょう。

そうすることにより、ふだんは、理由や根拠を自分で見つけることもなく、既有知識を活用して問題解決の見通しを探り当てることもなく、思いつきや勘で考えたり友だちの考えを真似して答えたりしている「浅い学び」の姿を変えていくことができるのです。

ここで整理し提案した「深い学びの技法20」には、全く新しい方法が入っているわけではありませんし、教師ならだれでも取り組んだことがあるものばかりでしょう。逆に、毎日、全部の方法を、全教科・領域で実施する必要はありません。子どもの発達段階や教科特性に合わせて、必要なものをいくつか選択し組み合わせて取り入れるだけでよいのです。

ただし大切なことは、選択した方法に子どもたちの資質・能力になるまで年間を通して粘り強く取り組ませることや、校内研修や校内授業研究を通してすべての教員が「深い学びの技法20」を取り入れた授業を継続的に増やしていくことなのです。その逆に、若い先生は「深い学び」はやらないとか、学年主任の考え方によって積極的に取り組まない学年があるといったことにならないよう、ぜひ学校全体で実施してください。

では次に、「深い学びの技法20」の中から、学力調査の正答率アップに効果的なものベスト9を選んで、どのような学び方を大切にした授業をすればよいのかについて、解説することにしましょう。

2 技法１　文章と式や図を組み合わせて論理的に説明する

まず、算数・数学科の問題Bを見て気づくことは、記述式解答の条件に、「文章と式を組み合わせて答える」ことがあげられていることです。なぜそのような条件が付いているかというと、ＰＩＳＡ型読解力が求めているように、これからの算数・数学科の教育では、式と答えだけでなく、「なぜ、その式や答えが正しいのか」を、数学的な見方・考え方を活用して説明することが求められるからです。

言い方を変えれば、「なぜ、その式が出てきたのか」について、文章題で示された数値や特徴を使って、与えられた規則性や使えそうな公式や考え方を活用しながら、求められている数値や特徴を正しく導き出すことを通して説明することが必要だからです。

ですから、授業で大切になる指導のポイントは、「深い学び」を生み出したいときには必ず、式や答えを言わせるだけでなく、「どのような計算の工夫をすればよいか、文章と式を組み合わせて説明しましょう」といった学習課題（めあて）を出して、考えさせることが効果的です（技法⑬）。

具体例で考えてみましょう。

小学校４年生の算数科の授業で、「ドットの数をかけ算を使って求めよう」という問題があります。そこで、例えばダイアモンド型に並べた25個のドットを既習のかけ算を活用して式に表して答えを出していくのですが、ここで大切なことは、文章と式と図を組み合わせて、その式と答えの正しさを説明することなのです。つまり、算数科で育成すべき「論理的に説明する力」という資質・能力を想定した課題設定をするわけです。

そのために、まず5分程度の自力解決の時間を取った後で、3名のグループ（トリオ学習）になり、ホワイトボードの上に協力しながら文章と式と図を組み合わせて説明していきます。完成したら、代表の子が一人前に出て行って、ホワイトボードを黒板に貼って三段階思考法（まず・次に・最後に）を用いてわかりやすく説明するという流れになります（写真1）。

この写真の授業では、表2の技法⑬だけでなく、「かけ算を活用して解決する（技法⑨）」と「三段階思考法を活用して解決する（技法⑭）」を組み合わせて説明していますから、かなり高度な学習となりますが、教科書では基本例題としてあがっているので、だれでもできるようになってほしい基礎学力なのです。

もう一つの事例として、中学校2年生の理科の「燃焼」の授業を見てみましょう。理科でも、化学反応式と文章、さらに実験装置の図を組み合わせて説明させることが求められます。

この授業では、「なぜ、ろうそくが消えた二酸化炭素の集気瓶の中で、マグネシウムリボンは燃えるのだろう?」という学習課題を出し、教師の演示実験を見た後で、小グループで協力しながら、ホワイトボードの上に、文章と化学式と図（実験装置と化学反応）を組み合わせて解決結果を書いていきます（写真2）。

ここでも、技法⑬だけでなく、技法⑨を二つ組み合わせてしっかりとした説明をしていることが優れています。つまり、このホワイトボードの説明の中には、「化学式のつくり方の知識」と「酸化還元反応の知識」を活用していることがわかります。

こうした、「言語活動の充実」を通した「活用を図る学習活動」を行うことは、新学習指導要領でも、使用する用語は変えながらも、「深い学び」として継承されていることをぜひ理解してください。

指導のポイントとしては、①前時までに、より簡単な問題で書き方の練習をしておく、②三段階思考法については、話型や文型（学習モデル）を掲示して可視化しておく、③全員が自力解決場面でできるようになるこ

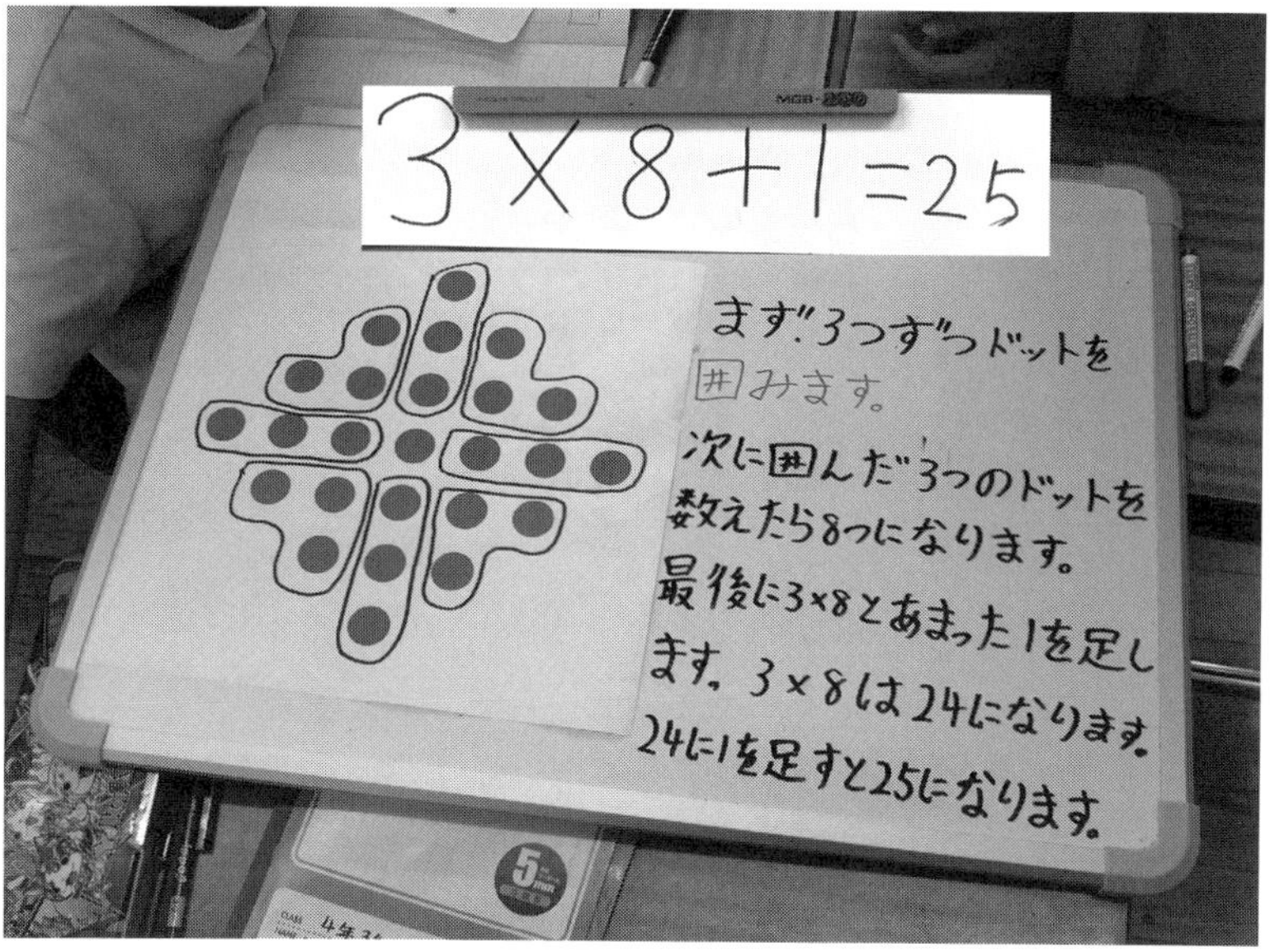

写真１　小学校算数科４年「計算式で表そう」のホワイトボードの説明図

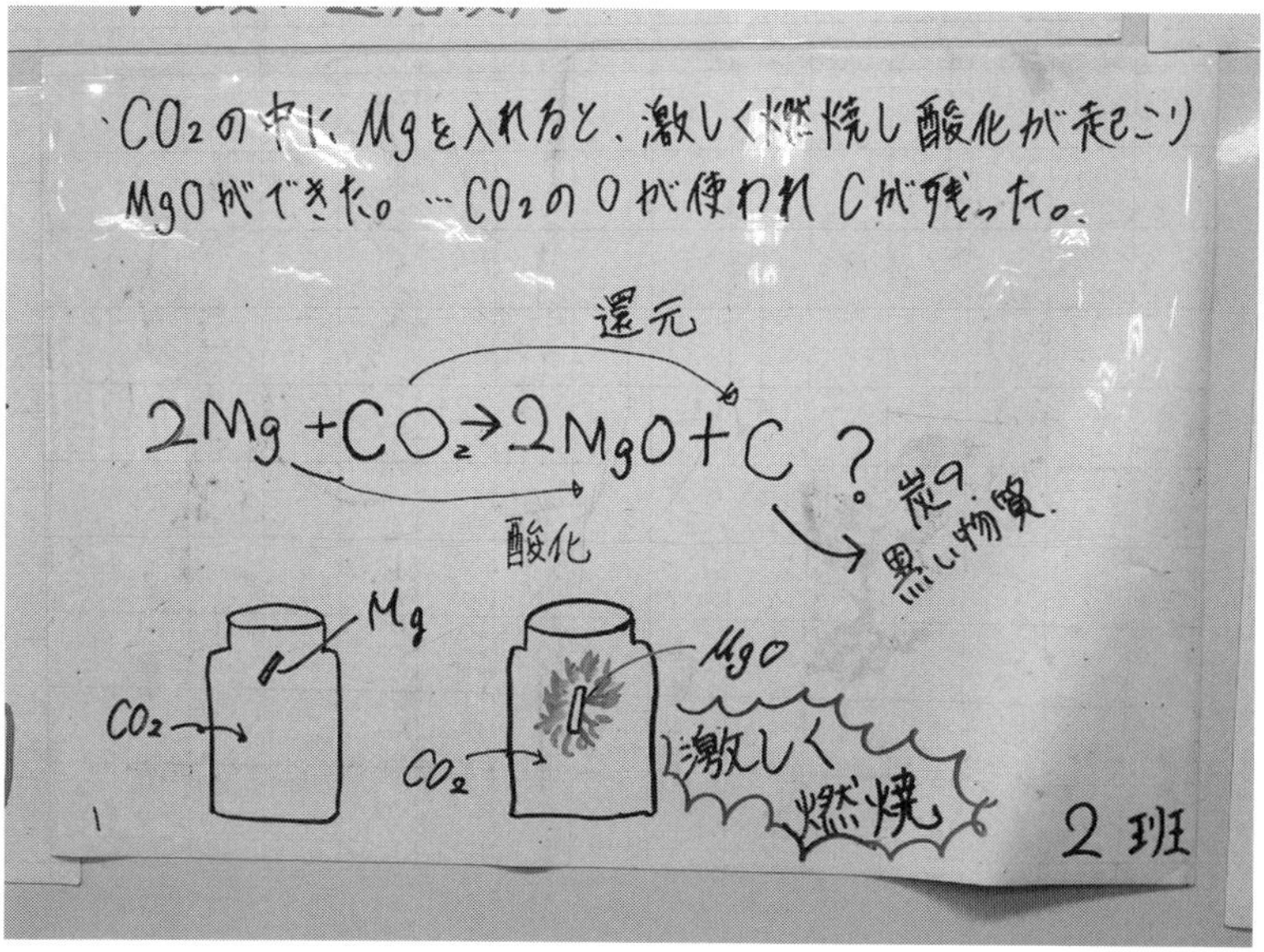

写真２　中学校理科２年「酸化還元反応」のホワイトボードの説明図

とを性急に求めず、グループワークで協力して徐々にできるようにする、④発表の様子をほめたり価値付けたりして模範例を示す、⑤ホワイトボードに書くときの条件(文章と式を組み合わせる、三段階思考法を使う、習った用語を使う、など)を与える、等が大切です。

「アクティブ・ラーニング　石の上にも3年の法則」ということわざがありますが、こうした算数・数学科や理科での論理的説明力という高度な資質・能力を育てるには、単元が変わっても、学年が変わっても、担任が替わっても、学校として共通の指導目標と指導方法を共有して実践研究を続けることによってはじめて、多くの子どもたちの身に付くようになるのです。

したがって、安易にジグソー法などの対話型に頼るのではなく、子どもたちの成長を見通しながら、こうした地道で継続的な授業改善を行うことによって、アクティブ・ラーニングを実現したいものです。

3 技法2　複数の資料を関連付けたり比較したりして、結論を書く

次に、関連付けや比較思考による「深い学びの技法」を取り上げましょう(技法⑥)。

教科書にある知識を覚えさせるような通常の授業では、子どもたち自身で資料やデータに基づいて考えて答えを生み出すことは少なく、教師から資料やデータによって何がいえるかを教えてもらい、そのパターンを暗記することが多いのです。

また、自分の考えを発表するときには、思いつきや勘で答えることが多く、しっかりとした資料やデータに基づいて、理由や根拠をしっかりと見出してから自分の考えに反映させるという「深い学び」を行う機会は少

ないでしょう。

そこで、資料やデータを自分で読み込むとともに、友だちとの対話を通して教え合いをしながら、学習課題を解決するために、資料とデータから何がいえるかを考えさせることを大切にしましょう。その際に注意したいのは、教科書や資料集に書いてある内容を理解することを目的として友だちと教え合いや学び合いをするだけでは、教科書の基礎的内容理解のための「浅い学び」になってしまうことです。課題解決的な学習をしないままで単に対話が活発であるというだけでは、真のアクティブ・ラーニングとはいえません。

具体的な実践例としては、中学校1年の社会科で明治維新について学ぶときに、「なぜ、岩倉具視米国使節団は成果を上げられずに帰国したのだろう」という興味深い学習課題を出して、その解決につながる資料を資料集や図書館やインターネットの資料から見つけ出し、その内容を整理してわかりやすく発表し全体で共有するとよいでしょう。

考察する視点として、①憲法は近代国家にふさわしいものだったか、②帝国議会は近代化されていただろうか、③国家間の交渉に必要な使節団の代表性は証明できていただろうか、といった観点を与えておくと、社会科的な見方・考え方を生かした考察につながりやすくなります。

またその際には、一つの資料ではなく、複数の資料を比較して考察し、表現させることが大切です。この「複数資料の比較検討」という視点が学力向上を考える際に重視されるようになったのは、ＯＥＣＤが実施しているＰＩＳＡ調査の影響です。

そして、中央教育審議会答申や新学習指導要領の総則などに、「読解力」がすべての学習の基盤となる資質・能力（教科横断的な資質・能力）として提唱されるようになったのは、明らかに２０００年から始まった、ＯＥＣＤのＰＩＳＡ調査（読解力）で日本の子どもたちの成績がよくなかったからです。最近の２０１５年度の読解力調査では再び8位にまで順位を下げてしまいました。なかなか学力が安定的に向上していないといえます。

PISA型読解力の特色の一つは、複数の資料や観察結果をもとにそれらを比較して、共通点や相違点、関連性を検討し、しっかりとした結論を出すことです。ここで、「複数の」というところがポイントです。21世紀社会は一つの資料を精読して判断を下すだけでなく、複数の資料やデータに基づいて総合的な判断をする時代になっています。

そこで授業においては、国語科であれば教科書教材だけを精読するのではなく、例えば『大造じいさんとガン』に加えて『片耳の大鹿』を比べ読みすることで猟師と動物の関係性を深く読み取ることや、立松和平の『海のいのち』を読むときには、並行読書で『牧場のいのち』や『川のいのち』を読んで比べて、作者が「いのち」に込めた共通性を探り当てることに取り組んでみましょう。また、理科であれば空気の温まり方の特徴を、既習の水や金属の温まり方と比較して説明したりすることがあてはまります。

中学校1年社会科では、世界の気候について学ぶときに、世界各地の都市の雨温図を比較しながら、緯度だけでなく海流や偏西風などの要因を加味して、「気候に影響を与える要因を探ろう」という発見学習を行うことができます。生徒たちがグループで対話を通して合意形成を図ることで規則性を発見していくのです（写真3・4）。

写真３　世界の５都市の雨温図と写真の資料

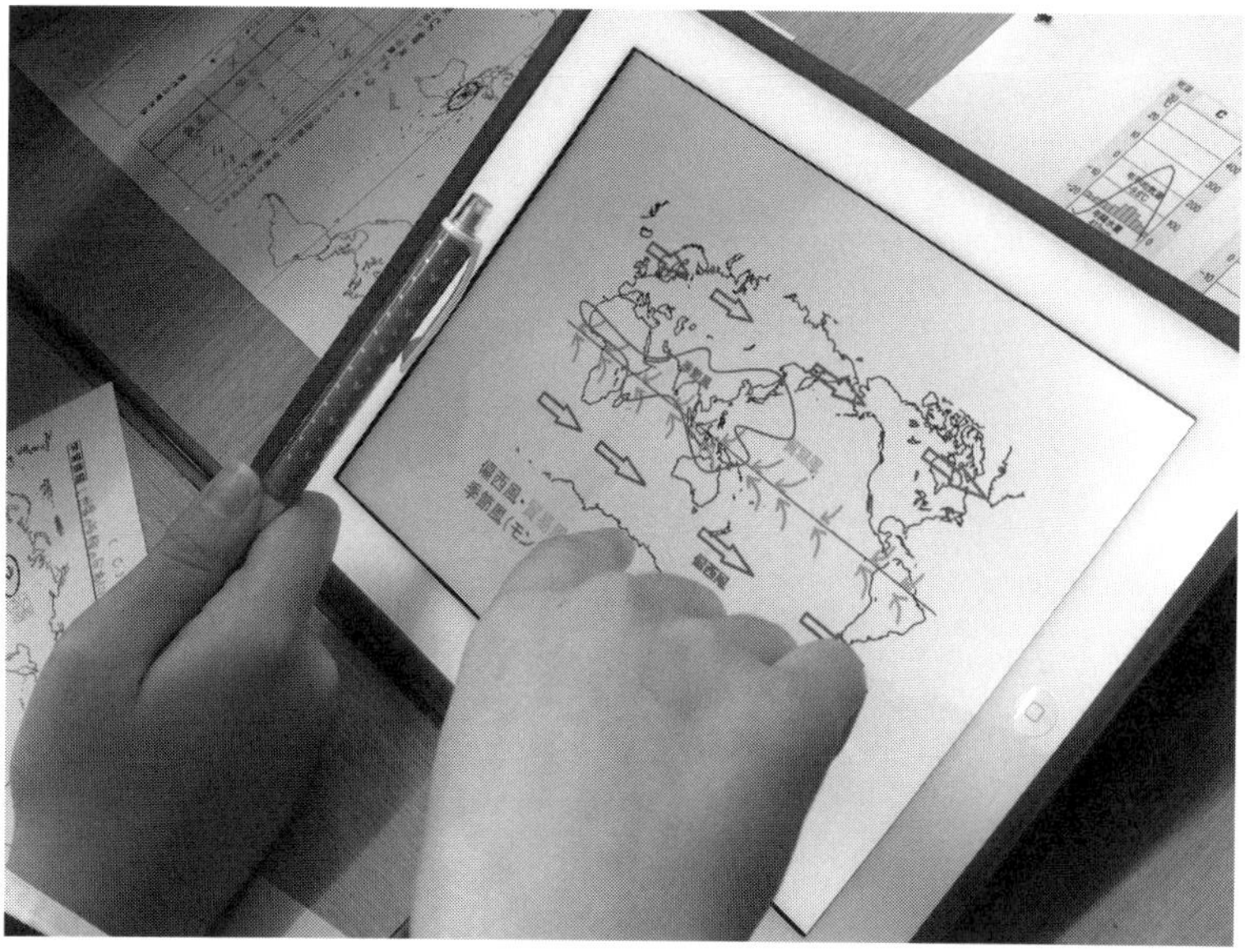

写真４　偏西風の要因も考慮して、タブレットを活用して考察する

4 技法3　基礎的な知識・技能を活用して問題解決の過程と結果を書く

アクティブ・ラーニングにおける活用学習では、既習の基礎的・基本的な知識・技能を活用して問題解決をしたり、創作表現をしたり、実技実習を行ったりします。既習の知識・技能を活用せずに、0から考えて課題を解決するのではありません。また、思いつきや勘で考えるのでも、当てずっぽうで選択肢を選ぶのでもありません。

どのような知識も、先哲たちが先行研究をしっかりとふまえて、それに積み上げる形で新しい研究をした成果を連綿として蓄積してきたものなのです。したがって、アクティブ・ラーニングで子どもたちを研究者に見立てて、知識を再発見したり再構成したりする能動的な活動をさせるときには、単に教科書に書かれた答えとしての知識を毎回新たに教えて覚えさせるのではなく、子どもたちが既有の知識・技能を活用してできる限り自分たちで規則性や法則、原因、因果関係を発見させることが望ましいのです（技法⑨）。

例えば、小学校4年算数で、割り算の筆算の活用問題を解くときには、すでに習った計算の技（たてる、さめる、かける、おろす、ひく）を組み合わせて順序よくあてはめて考えることが大切です。教室に、そこで必要となる既習の計算の技を常時掲示したり手元にヒントカードにして置いておいたりすると、どの子も迷わずに技を安心して使えるようになるので効果的です。

また、技法の組み合わせという観点で考えると、この技法は、すでに紹介したように表2の技法⑬や技法⑭と組み合わせて思考過程や解決過程を記述させると正答力が身に付きやすくなります（写真5・6）。

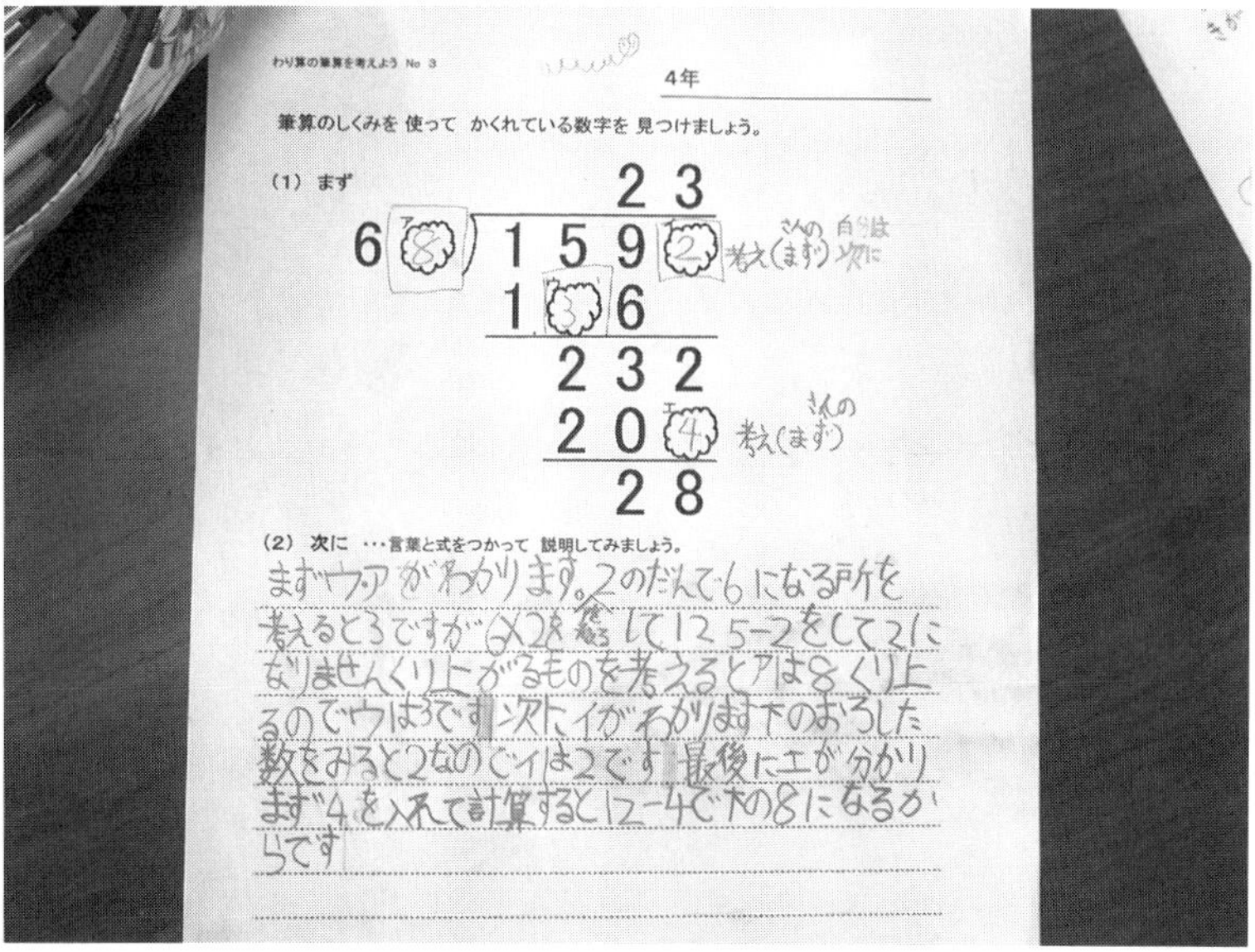

写真５　割り算の筆算の技（わざ）を活用して解法を説明する

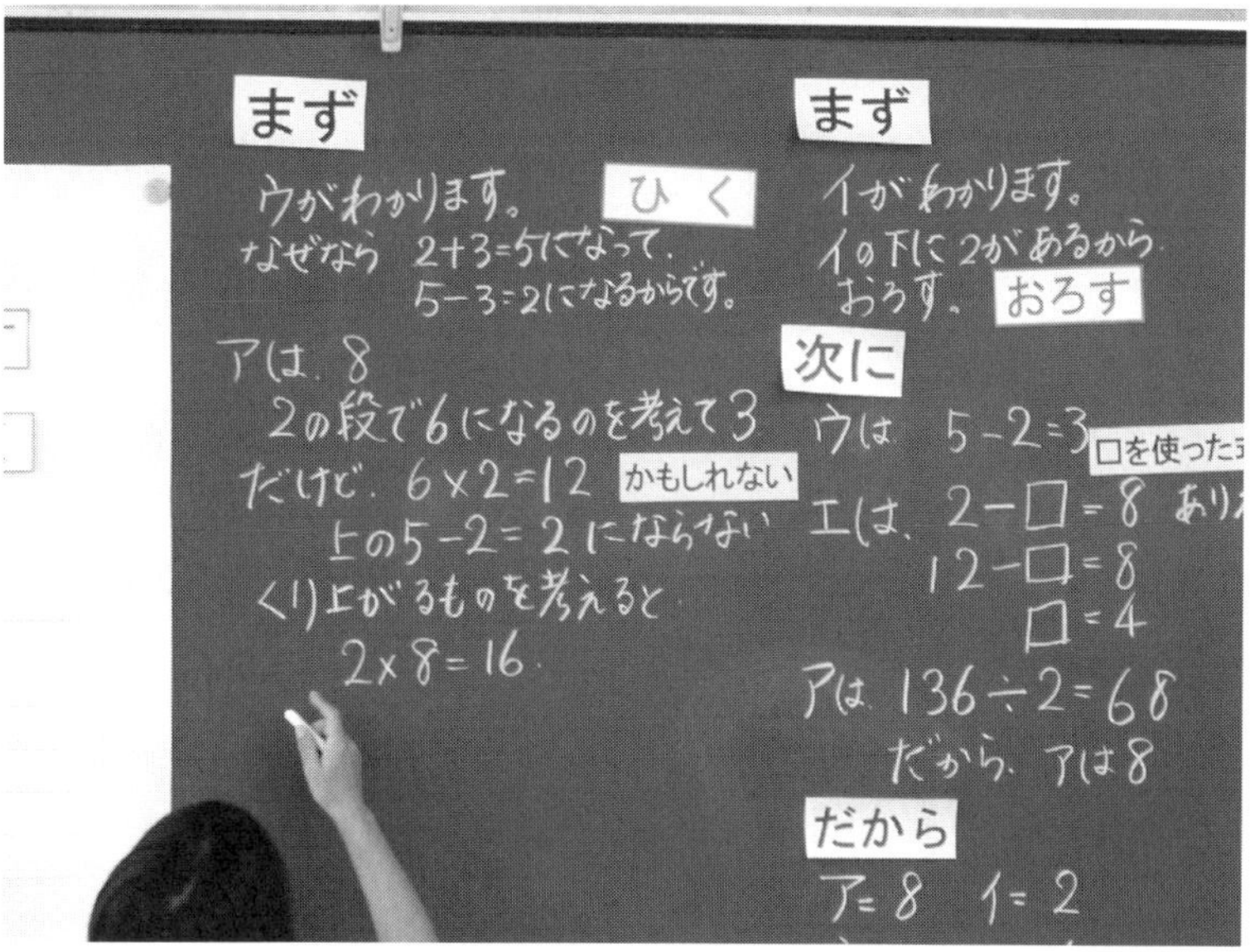

写真６　板書に既有知識の計算と説明の技（わざ）を可視化する

5 技法4　資料を読み取って、キーワードを引用して自分の言葉で表現する

最近の学力調査では、国語科の問題Bにおける記述式解答の様式において、特徴的な条件が付くようになっています。

それは、問題文の中から「言葉や文を取り上げて書くこと」という条件です。

言い換えれば、これは、「キーワードを引用した条件作文」を書く力を測っているといえるのです。国語科の問題Bは、およそ80字から100字程度の文字数で書くことも条件になっていますし、「しかしながら」という逆接の接続詞につなげて書かせることもあります。議論や討論の場面を扱った問題文では、自分の立場を明らかにして書くことを条件として出す場合もあります。

つまり、「キーワードを引用して条件に沿って自分の考えを記述する力」は、学力調査の正答力をアップするためには不可欠の学力なのです。

しかしながら、通常の授業では、こうした条件作文を書く機会はあまりありません。逆に、あまり多くの条件を付けずに、「自分の考えを自由に書いて伝え合ってみましょう」といった、漠然としたオープンエンドのめあてが出されることが多いのです。国語科の教科書に掲載された学習課題も、そうした曖昧で自由なめあてが多いといえます。

そのことは、子どもたちが活発に自分の考えを出し合うためには有効ですが、近年ますます重視されている論理的な思考力・判断力・表現力といった高度な資質・能力を育てるためには逆効果なのです。授業中の子ど

もたちの活動が見かけだけ生き生きしているというのではなく、子どもたちが資料をもとにして自分の考えを形成し、それを説得力ある形で、資料や用語を引用しながら自分の言葉で表現するような活動場面をできるだけ多く設定することをお薦めします（技法⑮）。

そのためには、授業はテストや調査ではありませんから、子どもたちに学習モデルや例文などの補助輪を提供しながら、つまり、条件作文を書くためのヒントを与えてそれを参考にしながら書く活動を行わせても構いません。最初は、補助輪を多くして、少しずつ力が付いてきたところで外していけばよいのです。また、補助輪がすぐに必要なくなる子どももいれば、補助輪を外すのに時間がかかる子どももいます。それぞれの子どもの特性や状況をしっかりと見取りながら、補助輪の種類や分量、与えるタイミングなどを調節していくことが、アクティブ・ラーニング成功の秘訣なのです。

6　技法５　思考モデル、判断モデル、表現モデルを活用して表現する

アクティブ・ラーニングでは、思いつきではなく、しっかりとした学習モデル（思考や表現の技、アイテムなど）に基づいて思考や表現をすることが大切です（技法⑭）。なぜなら、アクティブ・ラーニングの活用学習では、子どもたちが高度な問題解決や創作表現、実技実習に取り組むため、その支援となるヒントや補助輪としての技（アイテムとも呼びます）の可視化と操作化が必要になるからです。子どもの思考・判断・表現を支える技には、話型や文型、思考型などがあり、そうした技のことを、学習モデルといいます。他にも体育科では動作型が、図画工作科・美術科では表現型などもあります。

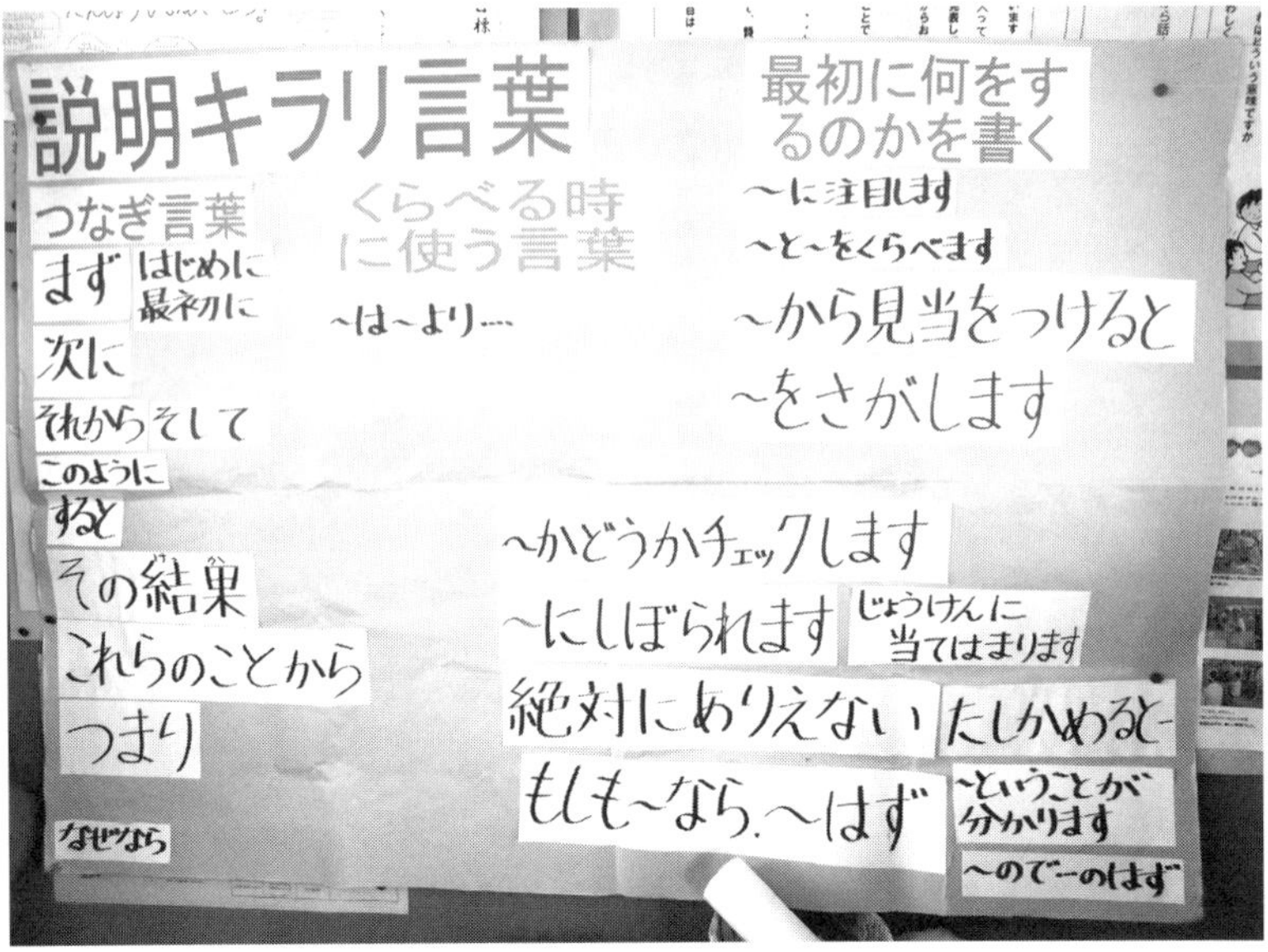

写真７　小学校算数科で掲示した説明アイテム

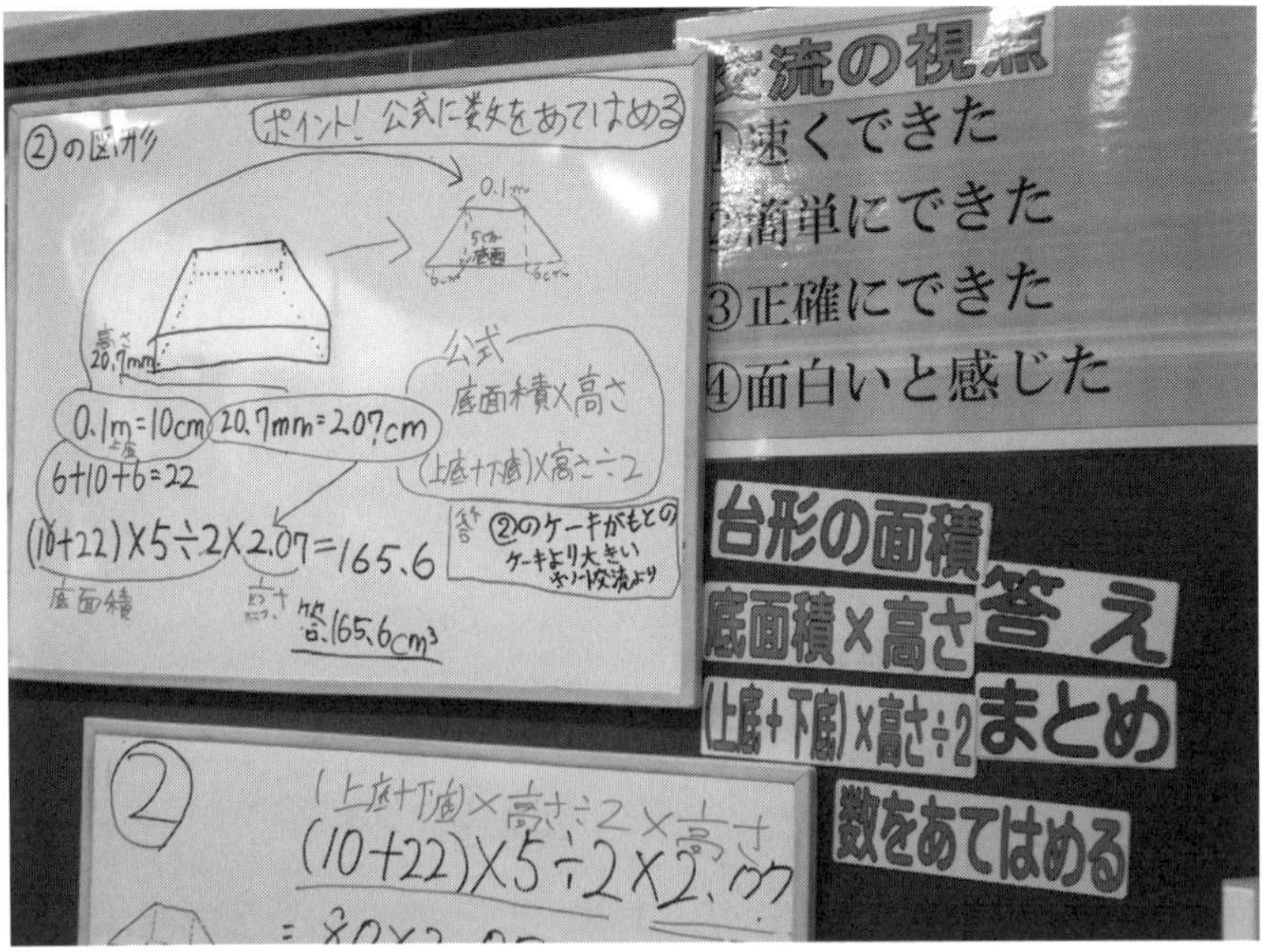

写真８　小学校算数科で子どもがアイテムを活用した表現

学習モデルが子どもたちの課題解決を支える補助輪であるだけなら、「深い学び」につながるとは考えられないかもしれませんが、実は学習モデルは大人になっても高度な課題解決をするときの、思考・判断・表現の基本型や模範型でもあるのです。その意味で、学習モデルは「深い学び」を生み出す思考・判断・表現の高度な技なのです。

例えば、活用問題を解く算数・数学科の授業では、用語や公式、三段階思考法、条件設定法、聞き手の反応を確かめる話型などを掲示し、それらを駆使して、解き方をホワイトボードに図と式を組み合わせて描いて論理的に説明させるとよいでしょう（写真7・8）。

どの教科のどのような思考・判断・表現に関わる活動でも、やり方の基本型がありますから、それをしっかりと習得・活用させて、力のある技を発揮できるようにすることが大切です。

7 技法6　資料を引用しながら理由や根拠を示す

「深い学び」では、思いつきでなんとなく考えたことを話すのではなく、理由や根拠を資料やデータを引用しながらわかりやすく説明することが大切です（技法⑪と⑬）。論理的で科学的な説明をする力を、アクティブ・ラーニングで育てるべき資質・能力にしましょう。

写真9は、中学校1年国語科の単元「少年の日の思い出」で、作品の魅力を、人物設定、表現・描写、構成・展開という三つの観点で説明する授業で用いたワークシートです。ワークシートの上段には三つの観点を置いて、中段に「根拠」となる、作品の文章の中で魅力的な箇所を選び出し書き込む欄を設けています。その下に、

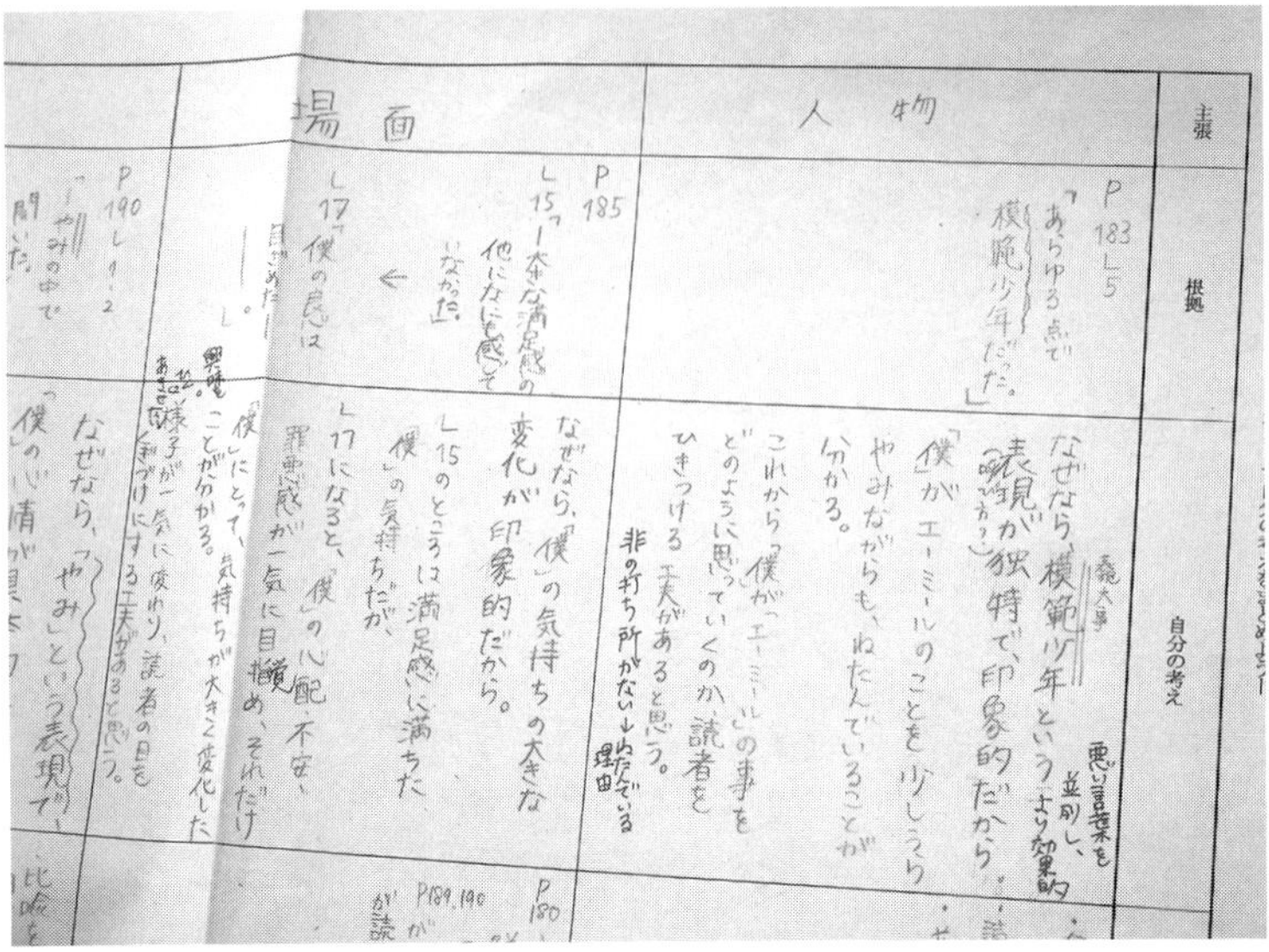

写真９　中学校国語科で該当する文章を引用して、根拠を示して自分の考えを書いたワークシート

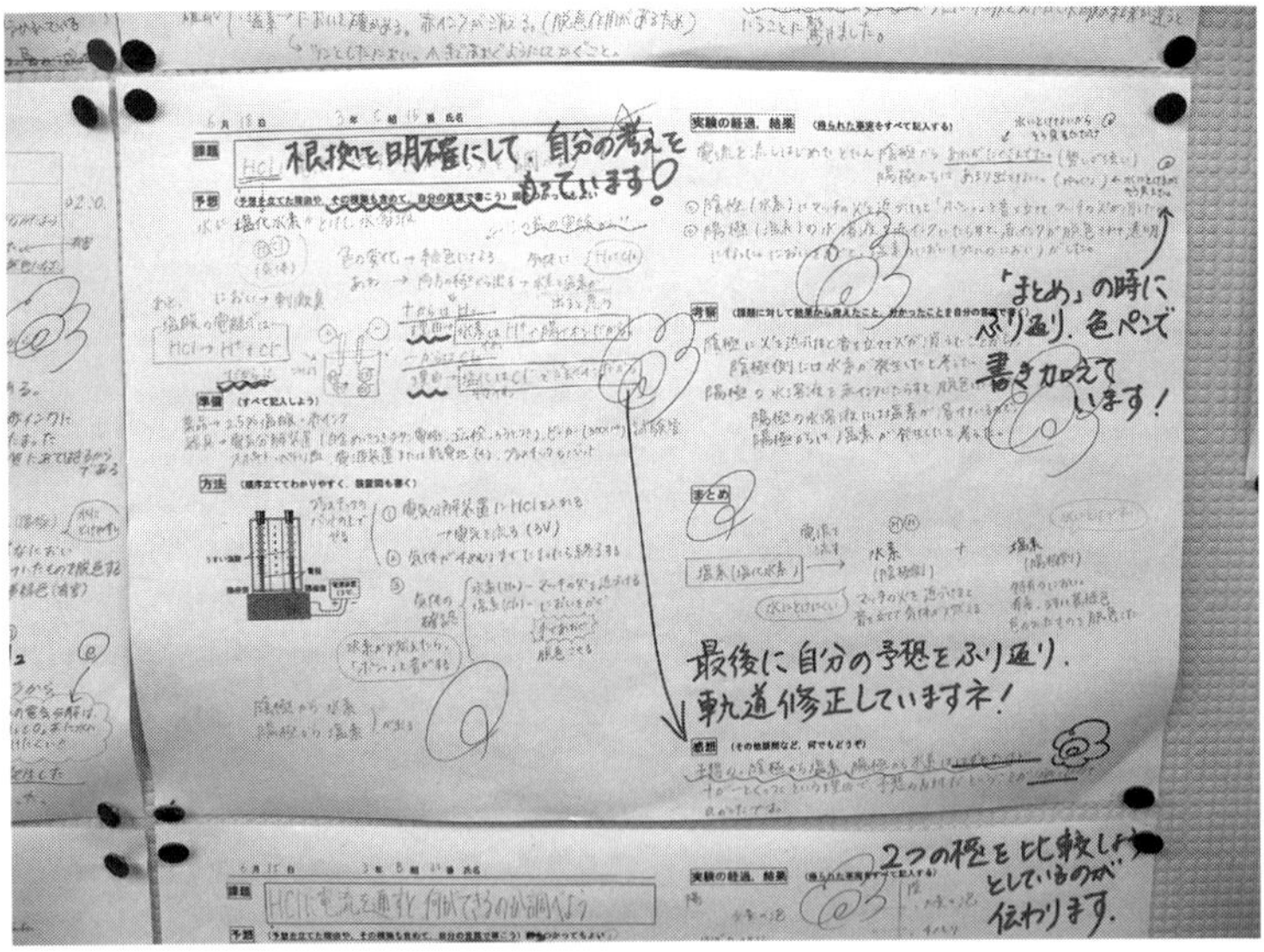

写真10　中学校理科で考察の根拠や理由を、公式やデータを引用しながらしっかりと説明している

その箇所の魅力に関する「自分の考え」を書くようにしています。こうすることで、引用箇所を明示して理由を付けて自分の批評を述べることができています。

写真10は、中学校２年理科の「水の電気分解」の単元で、生徒が書いた実験レポートの掲示です。仮説を立てるときや考察をするときに、根拠としての法則や原理をしっかりと書き込むことを奨励しています。

こうした引用をもとにした理由付けや根拠の明示をする練習を、いろいろな教科で意図的・計画的に仕組むことが大切です。そうすることによって、技法５のように、理由付けや根拠の明示の仕方のモデルが身に付きますし、また、論理的・実証的に書くことに慣れて抵抗感がなくなっていくというメリットがあります。そうするうちに、学力調査の問題Ｂの無答率が減少していくのです。

8 技法７　原因や因果関係、関連性を探り考察結果を書く

次の「深い学び」の技法は、自然現象や社会事象などの表面的な特徴だけでなく、その原因や因果関係、他の現象や事象との関連性について探ることです（技法⑪）。その中でも特に、中学校の社会科は暗記教科になりやすく、社会事象の現象面の背後にある原因や因果関係、他の事象との関連性を生徒が発見する授業がなかなか行われにくい状況があります。

そこで、学習課題には「なぜ？」を取り入れて原因や因果関係を考えさせたり、「どのような関係性があるか探ってみよう」という課題を設定して複数の資料を関連付けて考えさせたりしてみましょう。

その際には、原因や因果関係などを考える活動はそもそも難しいので、資料を読み解く視点をヒントとして

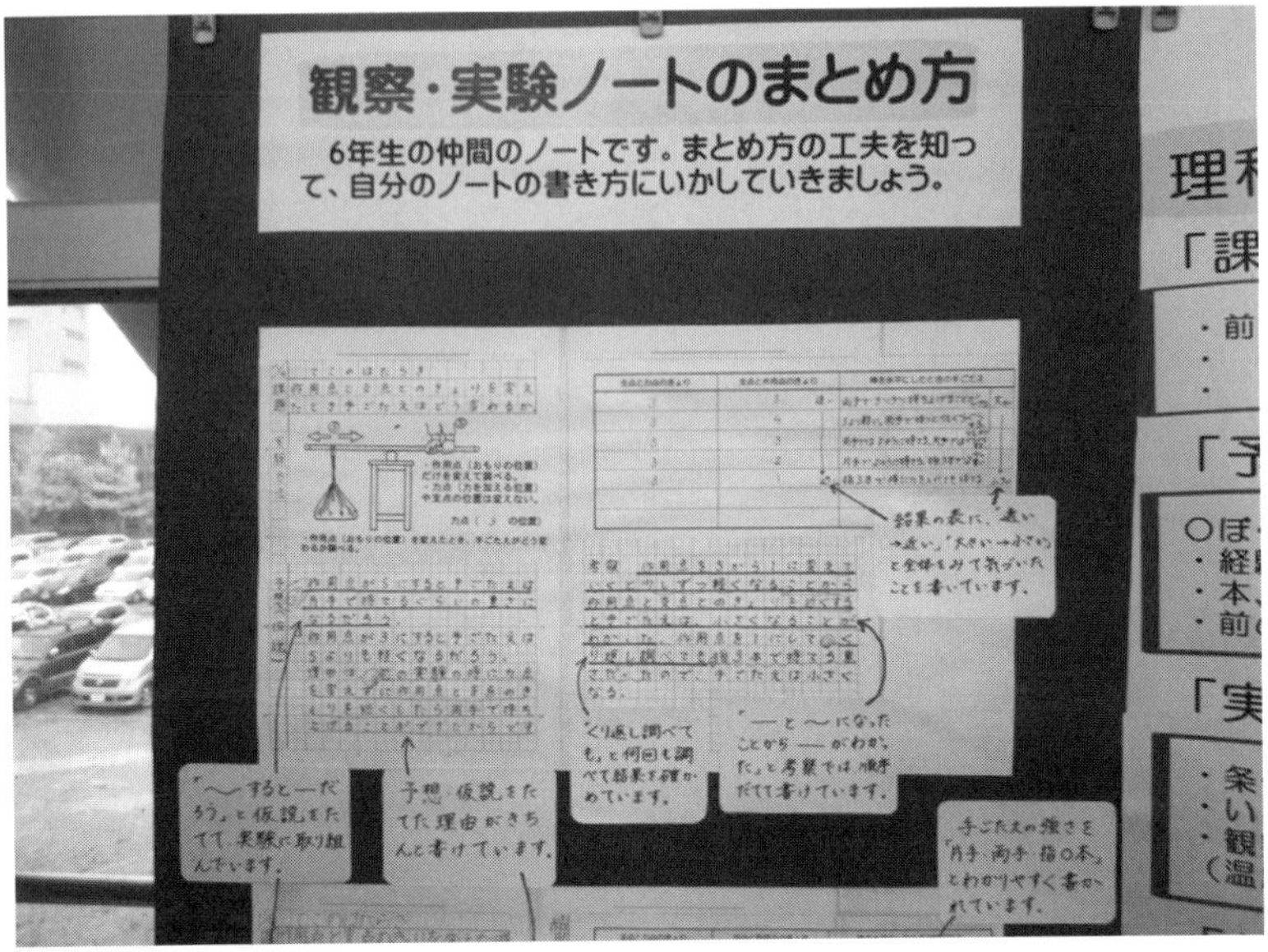

写真11　小学校理科で実験ノートのまとめ方を仮説検証の流れで例示した掲示物

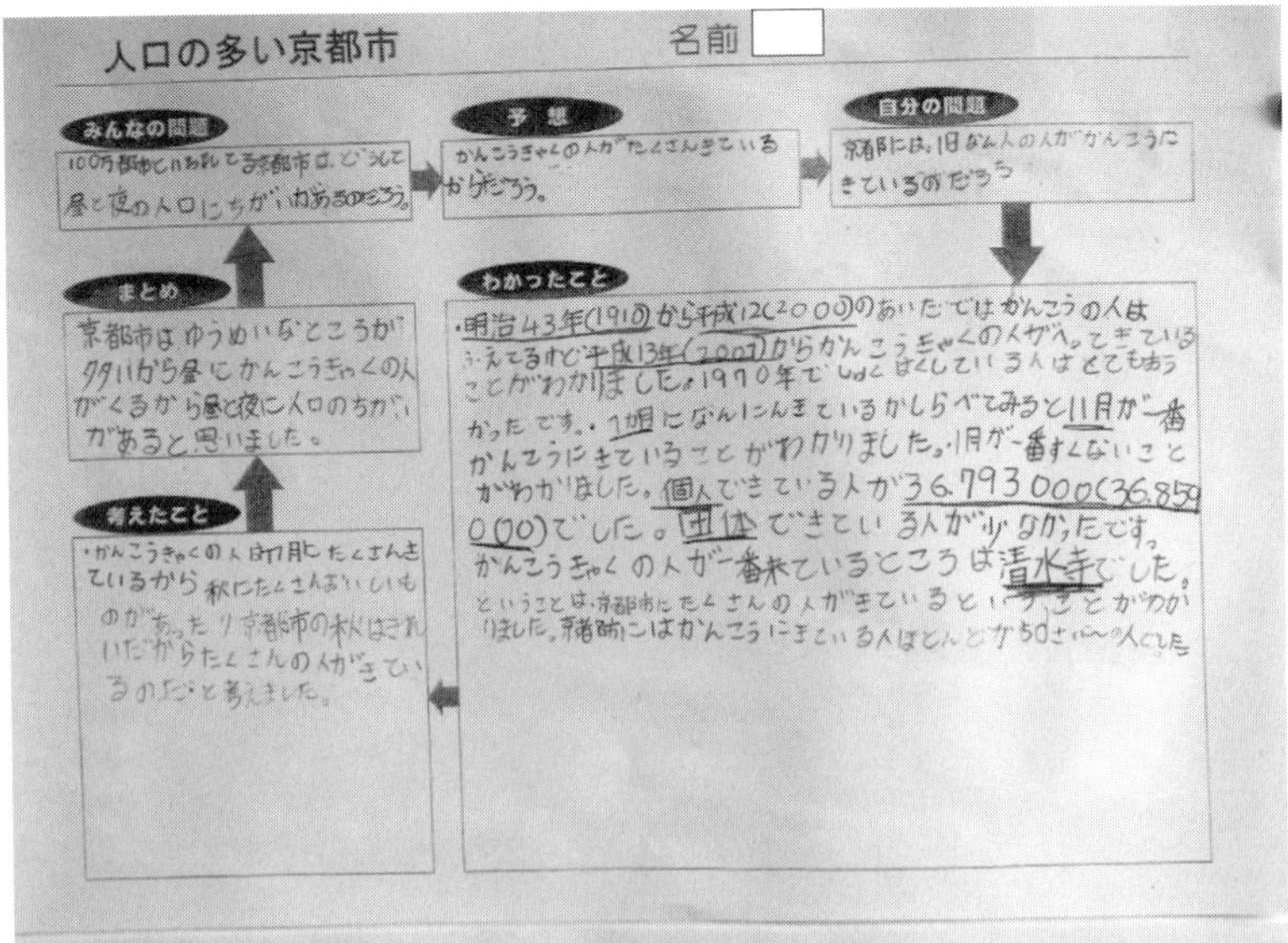

写真12　小学校社会科で学習問題の解決過程を意識化させるワークシート

与えたり、資料を比較するとすぐに原因が発見できるやさしい資料を選んだりするなどの工夫や配慮が必要になります。子どもたちが発見したことはグループ間で発表して教え合いをうながすようにしましょう。なお、必要に応じて最終的には短い講義をして知識の定着を図っても構いませんが、ワークシートを工夫することにより、子どもたちの教え合いでしっかりとした知識を身に付ける習慣を付けることも大切です。

例えば、理科では実験レポートを書くときに、学習課題→仮説→実験計画→データの収集と整理→考察と振り返り、という仮説検証の流れをしっかりと意識して書くようにするとよいでしょう（写真11）。また、学力調査の教科にはありませんが、社会科でも学習問題の解決の過程を可視化して、調査レポートを書く機会を増やすようにして、仮説検証の過程に慣れさせたり、因果関係の説明に関わる資質・能力を育てるように工夫したりすることが大切です（写真12）。

9　技法８　学んだことを生かして、次の新しい課題を作る

さらにお薦めしたい正答力アップの方法は、「学んだことを生かして、次の新しい課題を作る」機会をできる限り多く子どもたちに体験させることです（技法⑳）。

これまでも通常の授業で、「次時への見通し」などといって、次の時間に学習することを予想させたり、「振り返り」をノートに書かせるときに、「もっと調べてみたいこと」という観点を示したりすることもあります。これらは、あくまでも次の授業への興味付けをすることが目的です。

しかしこれを新たな学力とみなして、２０１８年度の中学校理科の学力調査問題に、「新たな疑問」を書く

設問が初めて出題されました。

具体的には、設問８「化学変化と熱」の(3)において、次のような問いが出されたのです。

夏希さんは、アルミニウムは水の温度の変化に関係していることは分かりましたが、【新たな疑問】をもちました。あなたなら、アルミニウムについてどのような新たな疑問をもちますか。その疑問を書きなさい。

この問題の出題の趣旨は、次のように示されています。

化学変化と熱についての知識と問題解決の知識・技能を活用して、アルミニウムは水の温度変化に関係していることについての新たな疑問をもち問題を見いだすことができるかどうかをみる。

この設問における評価の観点は、「科学的な思考・表現」となっていて、評価の視点を見てみると、「活用（構想）」となっていることから、この設問では、「既有知識を活用し、学習内容をふまえた上で、新たな学習課題を作る力」の基礎を見ようとしていることは明らかです。こうした「新たな課題づくり」に係る設問は、これからも継続的に出題される可能性があります。

そのため、特に理科の授業においては、これまでのような興味付けのための次時の予想をさせるのではなく、既習内容をふまえれば、次に解決すべき学習課題はどうなるかを論理的に考えさせるように習慣化させることが大切であることが分かります。

ただし、授業内容が過密状態にある現状では、毎時間「新たな疑問」や「新たな課題」を考え出させる時間的余裕はなかなか見つけにくいでしょう。そこで、各学期に「重点単元」を一つか二つ決めてその中で、「新たな疑問」や「新たな課題」を考えて比較検討させるようにしたり、実験レポートにこれらを書かせて教師による朱書きで価値付けてから掲示したりするなどの工夫をしてみましょう。

10 技法9　既製の資料や作品を批判的に吟味検討する

最後の技法として、「既製の資料や作品を批判的に吟味検討する」ことについて解説します（技法⑰）。

この技法が、どのような意味で学力調査の問題Bと関係しているかといえば、それは次のような四つのポイントに整理されるでしょう。

① 算数・数学科では、正しい考え方を記述させるだけでなく、「Aさんの考えが間違っているわけを述べなさい」といった出題がされてきた。
② 算数・数学科では、問題解決にとって不必要な数値や情報を意図的に問題に入れて、深い理解が得られているかどうかを見る問題が出されてきた。
③ 国語科では、「Bさんの文章を求められる条件に合うように書き直しなさい」といった文章修正の設問が出されてきた。
④ 理科では、化学反応を説明する分子・原子モデルの修正を求める設問があった。

このような設問形式に共通に見られる特徴は、文章や式、図の正誤を正しい既有知識に照らして判断し修正する力という、クリティカル・シンキングの学力を見ようとしていることです。

したがって、「正しいこと」ばかりを教えたり考えさせたりするのではなく、「間違っていること」を探させたり修正させたりすることを時々授業に計画的に取り入れて、柔軟で批判的な思考力を育てることが求められているのです。その際には、友だちとのペアトークやグループワークでの相互評価活動を通して、文章や式を相互修正する活動を設定するとよいでしょう。

このような問題形式で、これからの新しい教科別学力調査の問題が作られていくと思われます。そこで、短期的な過去問ドリルなどをするのではなく、ここで紹介した「深い学びの技法20」を組み合わせて、不断の授業改善を継続していくことが、最も子どもたちの正答力アップにつながるのです。各学校での授業研究を通した粘り強い授業づくりを期待したいと思います。

【参考文献】

田中博之著『フィンランド・メソッドの学力革命』明治図書出版、２００８年
田中博之著『アクティブ・ラーニング「深い学び」実践の手引き』教育開発研究所、２０１７年

Ⅲ

大学入学共通テストにも通用する学力「記述力」が育つ

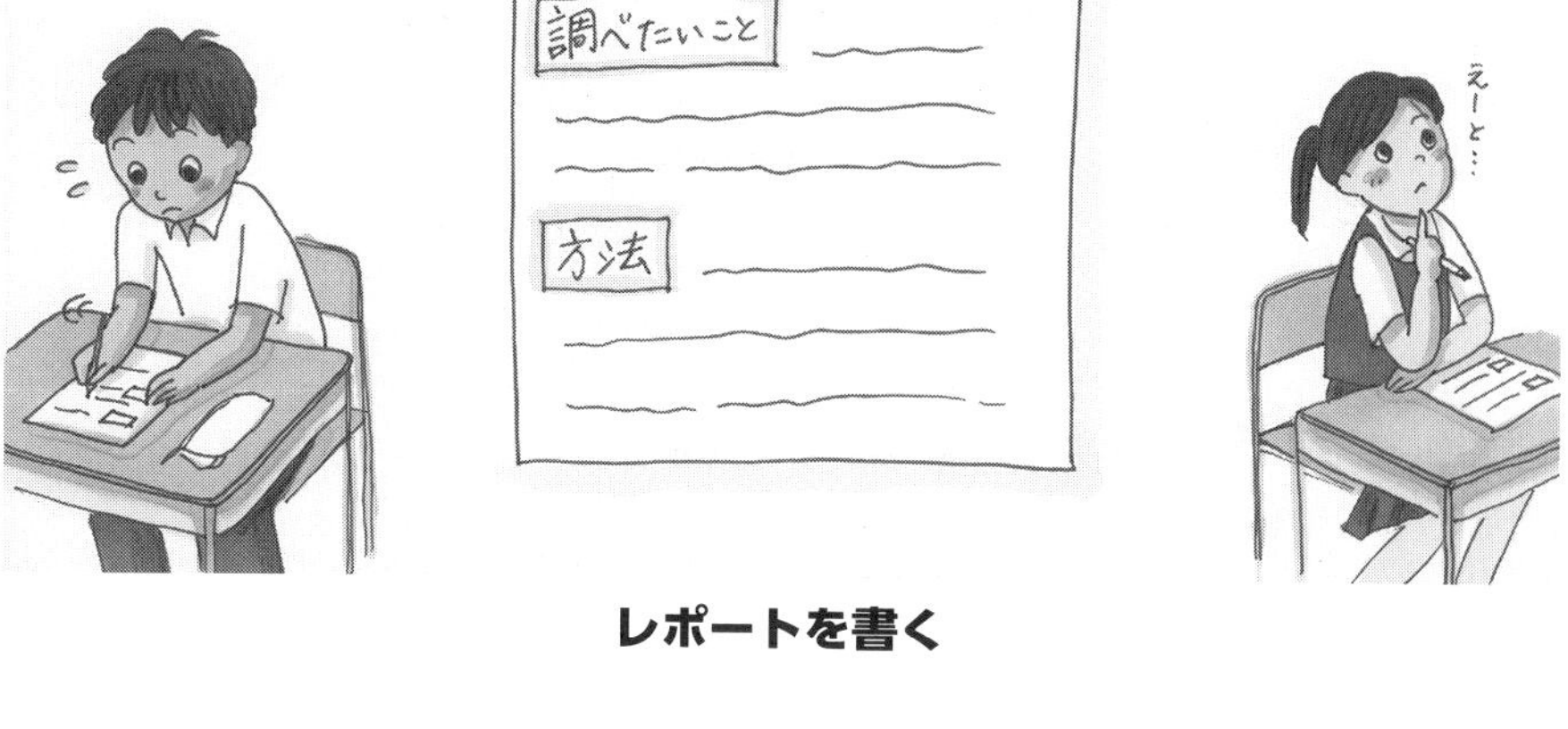

レポートを書く

Ⅰ章とⅡ章で、学力調査の正答力を上げるためには、アクティブ・ラーニングが必要であること、そして、その中でも「深い学びの技法20」を駆使して、資料をもとに条件に沿って考えて書く力を育てることが不可欠であることを、具体例を挙げながら示してきました。

こうした高度な思考力・判断力・表現力を学力調査で測るのは、学習指導要領の求める学力観が、OECDのPISA調査をきっかけとして、基礎的・基本的な知識の習得から、それらを活用して言語活動を通して資料活用型記述式文章題を解くことができる、高度な思考力・判断力・表現力へと重点を移してきたからにほかなりません。

そしてこれまで10年以上にわたって、このような活用型学力を育てるための学習指導要領の改訂と全国学力・学習状況調査の実施を継続してきた今日、次にどのような教育改革がなされるべきでしょうか。

それは疑いもなく、抜本的な大学入試改革です。

大学入試が変わらなければ、高等学校以下のどのような教育改革も完成しません。大学入試が変われば、高校の授業のあり方も入試問題の様式も変わるでしょう。実は、そうした動きはもう始まっています。

1 高校生の平均正答率は、0・7%

国立大学と一部の私立大学が参加する大学入試センター試験が、「大学入学共通テスト（仮称）」と名付けられ、2021年度入試から大きく変わることが予定されています。そのいくつかの改革の中で、本書がねらいとしている学力観の転換という意味から、どのような抜本的な改革が準備されているのでしょうか。

それは、国語科と数学科を中心として、記述問題が導入されることです。

これまで平成29年度と30年度に実施された試行調査においては、特に国語科の現代文で120字の資料活用型記述式条件作文が出題されたことが、大きな特徴になっています。現在の大学入試センター試験では、すべての問題がマークシート方式ですから、これは大きな改革になります。つまり、これから予定されている大学入試改革は、記述問題を出題することで、受験生の資料活用型記述力を測定すべき新しい学力として認定したといえるのです。

「記述力」

記述力が、全国学力・学習状況調査から大学入試まで一貫して問われる必須の学力になる、という画期的な出来事が今まさに起きようとしています。ですから、これからは小学校から中学校を経て高等学校のすべての学校段階において、「記述力」を育てることが子どもたちの進路保証になってくるのです。

しかし、その試行調査の記述問題の正答率は、0・7%だったのです！

なんと衝撃的な数値でしょうか。試行調査が本番の大学入試でないことを割り引いたとしても、この数値は驚異的です。また、この試行調査を受けた高校生がすでに中学3年生の時に全国学力・学習状況調査の国語科の記述問題を受けてきていることを考えると、さらにショックは高まります。

ただし、次節で具体的な問題を掲載して解説しますが、確かに難しい問題であることは間違いありません。資料の数が多いため読み取る文章量が多いことや、解答類型による採点ではなく条件完全一致法による採点であるため、さらに問題の難易度が高まっているといえます。また、記述にあたって守るべき条件（二文に分けて書き、使用する接続詞を限定していることなど）が複雑であることも、無答率を上げる要因になったと推測されます。

しかし、マークシート方式による記号・数値選択問題では、正答率が50％～70％になった問題も多いことから、この記述問題だけで正答率が受験生の１００人中で1名にも満たなかったということは、これまでの高校の授業では資料に基づいて自分の考察結果を条件に沿って１２０字程度でまとめて書くという活動が、いかに疎かにされてきたかということを示しています。１２０字というのは、決して長文ではありません。

この結果を受けて、大学入試センターは記述問題の難易度を調節する可能性を示唆するといった残念な状況になっています。もちろん、入学試験では問題の弁別率が低すぎると意味がないのは当然ですが、記述問題の正答率を50％程度になるよう行き過ぎた調節をして、高等学校にいらぬ安心感をもたせないよう配慮していただきたいと思います。そうしないと、大学入試改革は失敗してしまうからです。

2 大学入学共通テストの記述問題はこんな問題！

では、これから大学入学共通テストでは、どのような記述問題が出るのでしょうか。それを、平成29年度に実施された試行調査問題から探ってみることにしましょう。

ここで紹介するのは、国語科の第1問です。記述問題を試行調査問題の筆頭に据えたことから、入学試験センターが記述問題にかける並々ならぬ意思を感じることができます。

第1問は、高校生が日常的に経験するような言語活動と統計資料を使って、校内の部活動の改善について生徒会執行部が話し合う場面を扱っています（巻末資料1参照）。この問題のねらいは、次のようになっています。

現代の社会生活で必要とされる実用的な文章のうち、高校生にとって身近な「生徒会規約（部活動規約）」等を題材としている。それらを踏まえて話し合う言語活動の場を設定し、複数の資料を用いることにより、テクストを場面の中で的確に読み取る力、及び設問中の条件として示された目的等に応じて思考したことを表現する力を問う。

（平成29年度試行調査・国語科「問題のねらい、主に問いたい資質・能力及び小問正答率等」1頁）

このねらいを見るだけでも、大学入学共通テストの記述問題がねらいとしている学力が、小中学生を対象とした全国学力・学習状況調査の問題Bの記述問題の学力観とほぼ一致していることに気付くでしょう。それは、次のようなキーワードの共通性によって理解されます。

○身近な題材、言語活動の場、複数の資料、思考したことを表現する力

さらに、120字を条件とする記述問題である問3の概要（出題意図）を引用して見ると、そこにも全国学力・学習状況調査で想定している記述力との共通性が見つけられます。

テクスト（会話文）の内容をとらえ、他の複数のテクスト（資料①～③）を比較し、全体の要旨を理解したう

えで、指定された登場人物の立場に立って、対立点を整理し、具体的な根拠を明らかにして、基本的な立場と予測される意見について考え、的確に説明する。
（平成29年度試行調査・国語科「問題のねらい、主に問いたい資質・能力及び小問正答率等」1頁）

ここで共通性のあるキーワードは、次の4点です。

○複数の資料の比較、登場人物の立場、根拠、説明する

では次に、記述問題である問3を詳しく見てみましょう。

問3　空欄［イ］について、ここで森さんは何と述べたと考えられるか。次の(1)～(4)を満たすように書け。
(1)　二文構成で、八十字以上、百二十字以内で書くこと（句読点を含む）。なお、会話体にしなくてよい。
(2)　一文目は「確かに」という書き出しで、具体的な根拠を二点挙げて、部活動の終了時間の延長を提案することに対する基本的な立場を示すこと。
(3)　二文目は「しかし」という書き出しで、部活動の終了時間を延長するという提案がどのように判断される可能性があるか、具体的な根拠と併せて示すこと。
(4)　(2)・(3)について、それぞれの根拠はすべて**【資料①】**～**【資料③】**によること。

いかがでしょうか。確かに、この問3が求めるように、三つの資料を読解して比較検討しながら、三つの条

件に沿って自分の考えを、根拠を明確にして説明することは、テストという制限時間がある中で必ずしも容易なことではありません。

しかし、その正答率が0・7%というのは、この小問が現行の学習指導要領で求められている内容をふまえて出題されたことを考えると、やはりあまりにも小さすぎる数字であるといえます。

ですから、まず高等学校では新学習指導要領の移行措置期間に入る2019年度から、国語科のみならず資料活用による考察と表現が求められる地歴科や公民科、そして総合的な学習の時間の授業改善を行うことが早急に求められます。また、小中学校においても、これまでと変わらずに記述問題を意識した授業を行うことが大切です。なぜなら、児童生徒の進路保証は、すべての教員の願いであるからです。

3 記述力はすべての学校段階で育てるべき学力

こうして、2021年からは、複数の資料に基づいて、それを根拠として自分の考えを論理的に条件に沿って記述する力が、子どもたちの進路を決定する新しい学力として大切になってくることがおわかりいただけたでしょうか。

もちろん、大学入学共通テストはすべての高校生が受験するわけではありませんから、正確にいえば、2020年に小学校から順に完全実施となる新学習指導要領において、複数の資料を比較検討して物事を多面的・多角的に考察し、自分の考えを、根拠を明らかにして論理的に表現する力が重視されたことを受けて、子どもたちに記述力を育てる授業を行うことが大切になるといえます。

その力を、本書では「記述力」と呼び、これからの学力向上をねらいとした授業改善のキーワードにしたいのです。

記述力という用語は、新学習指導要領では使われていませんが、その改訂の趣旨と、この章で解説してきた大学入学共通テストの記述問題の出題意図を検討して、筆者が考えた造語です。造語なのですが、それはこれからの学力調査や大学入試で小・中・高のすべての学校段階で育てたい中心的な資質・能力におきたいものなのです。

もう少し詳しく解説すると、記述力とは次のような七つの特徴をもつ学力です。

①　複数の資料を比較検討して自分の考えを形成する
②　目的に沿って必要な内容や情報を引用して根拠とする
③　自分の考えの合理性を、理由を付けて説明する
④　条件に沿って、自分の考えを記述する
⑤　逆接、対比、類推、反駁、例証などの論理展開を工夫する
⑥　賛成、反対、パネルの論点などの立場を決めて論じる
⑦　三段階思考法などの説得する技法を取り入れる

こうした記述力に関わる七つの特徴は、小中学校ではやや難しいため、特に①や②、④などを中心にして育てるとよいでしょう。また、入試や学力調査での正答率を上げるためだけに学校の授業があるわけではありませんから、普段の授業では、２００字程度でわかりやすく記述する機会を増やすようにしたいものです。

4 はがき新聞は、記述力を育てる最強の表現ツール

そこで、どの学年の子どもたちにもこの記述力を簡単に育てられるツールがあれば便利に違いありません。どこでもいつでも気軽に使える100字作文の用紙があれば、子どもたちも作文嫌いにならずに、記述力を知らず知らずに身に付けていくことができるはずです。お薦めしたいのは、はがき新聞という表現ツールです。

はがき新聞とは、公益財団法人理想教育財団が作成した、はがきサイズの用紙にミニ新聞形式で子どもたちが自分の思いを綴っていくものです。青色の罫線があらかじめ印刷されているため、きれいに書けることやカラフルな色で彩色できること、そして20分もあれば1枚のはがき新聞を完成させられることなどが、子どもたちの学習意欲をかき立てる特徴になっています。

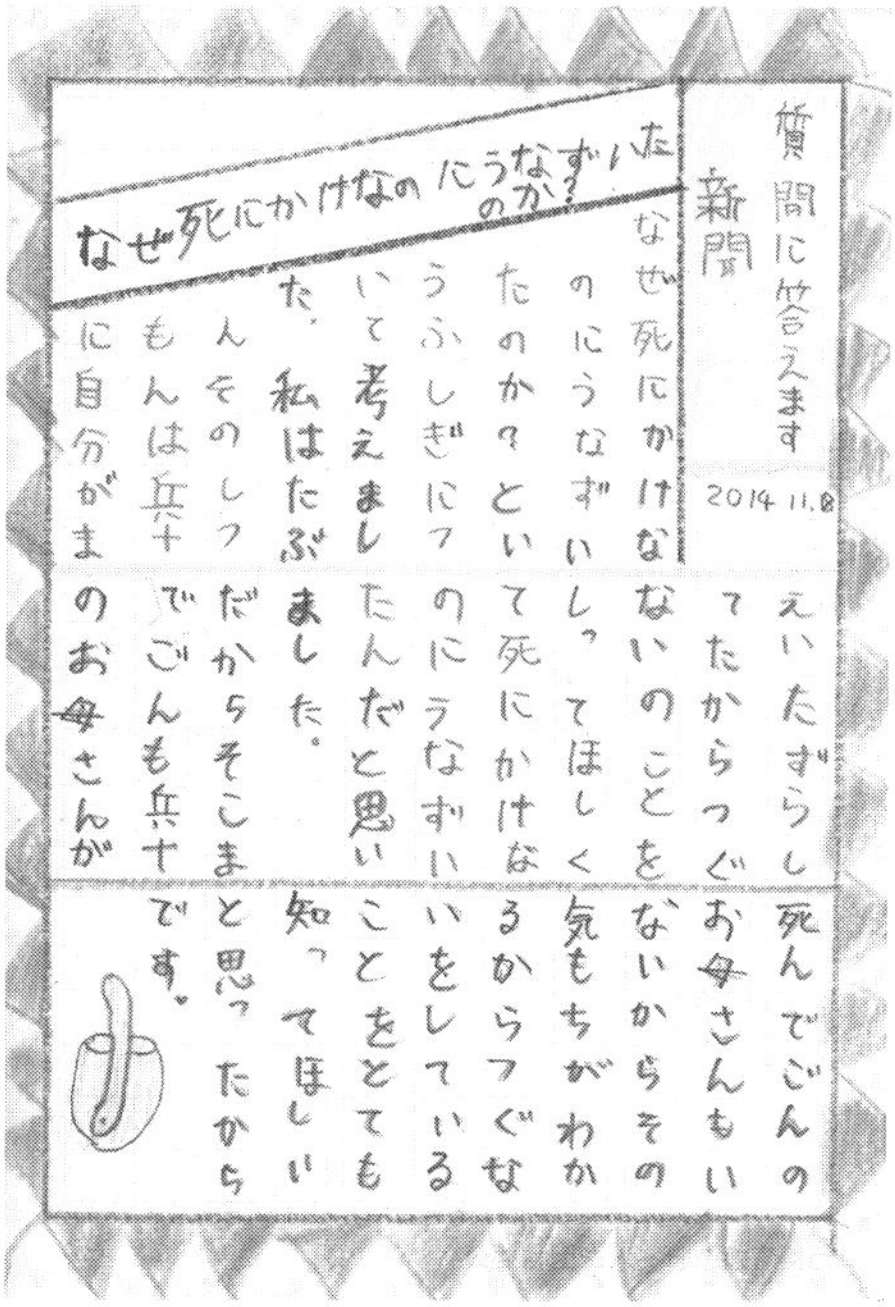

写真1　小学校国語科単元「ごんぎつね」で書いたはがきの作品例

子どもの作品例として、小学校4年国語科単元「ごんぎつね」で、ある子が書いたはがき新聞を紹介しましょう（写真1）。教科書教材から読み取った内容を

根拠にして、ごんの心情を豊かに表現しています。

こうした100字から200字程度の書きやすい文字数の中で、三つの段落に整理しながら叙述に即して自分の豊かな読みと考えを表現する学習を、国語科の様々な単元で継続して積み重ねていくことで、しっかりとした記述力が育っていくのです。

もちろん国語科や算数・数学科の記述力向上だけでなく、特別活動では子どもたちが取り組んでいる学級活動の表現ツールとして活用できますし、道徳科でも自分の生き方を深く考えて決意を込めて自己宣言するツールとして大変効果的です。子どもたちが書いたはがき新聞を教室掲示しておけば、子どもたちの思いや考え方を共有し認め合う連帯意識を高めることにもつながります。

子どもたちが熱心に「学級力はがき新聞」に取り組んでいる様子を見ると、はがき新聞が子どもの活動としてまさにフィットしていることがわかります。もし時間切れで宿題になったとしても、ほとんどの子どもは嫌がるどころか喜んでいることに、教師自身が驚かされるでしょう。

はがき新聞は、教師にとっても子どもたちにとっても気軽な表現ツールであるにもかかわらず、子どもたちが学力向上への意識と自覚を高める効果的な学習活動になっていきます。ぜひご活用をお薦めします。

【注】

はがき新聞の用紙と活用ノウハウの入手方法は、公益財団法人理想教育財団のＨＰを参照してください。

【参考文献】

田中博之編著『学級力向上プロジェクト3』金子書房、2016年

Ⅳ

Q&A
学テを正確に受け止める教師の資質・能力とは

プレゼンテーションをする

さて、文部科学省が全国の都道府県教育委員会の協力の下に実施している全国学力・学習状況調査は、2007年度の第1回目の調査から様々な誤解や中途半端な理解を受けてきたといえるでしょう。

例えば、学力テストや学テという一般的によく使われている略称も、実は文部科学省が正式に使ったことはないのです。マスコミが呼びやすい用語を使っているだけです。文部科学省としては、あくまでも実施しているのは、「調査であって、テストではない」という考えをとっています。

なぜなら、「テスト」は子どもの学力や習熟度を測って点数化や順位付け、選抜などをするためのものであるのに対して、「調査」は子どもの学力や習熟度の実態を詳しく見て、授業や学校経営のあり方を改善するための資料を得ることを目的として行うものだからです。

このように、全国学力・学習状況調査は略称一つを取ってみても、残念なことにそのねらいや特徴が正確に理解されているとはいえません。

そこでこの章では、全国学力・学習状況調査を正しく理解するための八つの問いを出しながら、具体的に解説していきたいと思います。

1 学力調査の受検対策教育は是か非か？

もちろん答えは、ノーです。

しかしいくつかの自治体では、4月下旬の調査日に向けて新年度早々に対策教育を行っていたのも事実です。

あるテレビ局や新聞社の取材で、教育委員会からの指導や校長の依頼により調査の1カ月ほど前から、朝の帯学習の時間や放課後の時間を使って、学力調査の過去問を子どもたちにたくさん解かせて正解を教えるといった「詰め込み教育」が行われていたことがわかっています。

こうした短期間の集中的な過去問利用指導がなぜいけないことなのでしょうか。その理由は、三つあります。

一つめの理由は、全国学力・学習状況調査は、子どもの学力の点数を上げることが目的になってはならず、あくまで点数という資料を使って、学校の先生方が学力向上に効果的な授業改善を行うためにあるからなのです。短期的な訓練によって少しは学力が向上するかもしれませんが、国語科や算数・数学科の授業そのものが、「わかりやすく、楽しい、頭をいっぱい使って集中できる」ような授業に変わらないままであれば、子どもたちの学力を粘り強く長期にわたって向上させる学校にはなりません。

見せかけの点数は上がっても授業改善は放置されていく、ということでは本末転倒です。

二つめの理由は、子どもの学力向上は小学校の6年生と中学校の3年生だけで行うものではないからです。実施学年が2つに限定されているのは、予算面や実施の困難さを配慮してのことですから、他の学年では学力向上は関係ないというわけにはいきません。

実際、私が共同研究者として入らせていただいた学校では、子どもたちの学力実態は、3年間程度の授業改善の取り組みを継続してはじめて向上しています。つまり、ある子どもが3年生くらいから学力向上に効果のある取り組みを受け始めて、4年生と5年生になって担任の先生が替わっても効果的な授業を受け続けることができて、考える力や考えを記述する力が少しずつ付いてくるからなのです。

子どもの学力は、調査実施学年だけの4月に、付け焼き刃で過去問トレーニングをすれば伸びるというものではありません。ですから、受検対策教育ではなく、大変なことですが地道な全校体制での長期的な授業改善が大切なのです。

三つめに大切なことは、特に問題B（主に活用を見る問題）を解くときには、ドリルやトレーニングといった短時間でパターン習熟を図る方法で学ぶことが適切ではないからです。

問題Bは、国語科と算数・数学科において別冊子となっていて、問題Aとは別の時間を設定して実施されるものです。冊子には、およそ五つ程度の大問が入っていますから、実際には子どもたちにとって各大問は平均して10分もかけられないものです。

しかしだからといって、受検対策教育で時間を計って最初からドリル形式で解かせるのでは、問題Bの解決に必要な思考力・判断力・表現力は育ちません。逆に、問題Bはすでに特に算数・数学科の現行の教科書にも活用問題として入っているわけですから、理想的には1問に1時間くらいをかけるほどのゆとりをもって、取り組んでほしいものです。

学力調査の問題Bに代表される活用問題は、いわば、「複数資料を提示して文章と式を組み合わせて記述することを求める応用的文章題」であるという特徴をもっています。そのため、その解決には、すでにⅡ章で解説したように、「複雑な問題を理解する力」「どの既習の知識や技能を活用すれば解けそうかを見通す力」「解決してわかったことを文章で筋道を立てて書く力」などが必要になってきます。

そうした高度な思考力・判断力・表現力は、10分で身に付けさせることはできません。最初は、やはりじっくり考える時間や友だちと教え合う時間、計算したり考え出したりしたことをわかりやすい文章にする時間などを与えてあげることが不可欠です。

ですから、過去問を使ったスピード・トレーニングよりも、授業でしっかりと時間を確保して、活用問題について考えて、解いて、書いて、練り上げるといった、子どもたちの主体的で対話的な学びを体験させてほしいのです。そして、少しずつ実践形式で、10分程度で活用問題を解けるように、授業で扱う適応題に活用問題を取り入れるなどの工夫をして解決にかかる時間を短くしていきます。そうした授業研究をしているのであれば、子どもたちが取り組む問題に学力調査の過去問を使っても全く問題はありません。

2 学力に課題のある児童生徒の登校制限は是か非か？

この問いも、もちろん答えはノーです。

学校の平均正答率をアップさせることを目的とすれば、登校制限をよしとしてしまう、子どもたちへの人権問題が発生してしまうのです。

学力調査の結果がよいか悪いかを子どものせいにするのではなく、国語科や算数・数学科の授業改善や全校での学力向上の取り組みがまだ不十分であると考えることが大切です。

確かに今日では、外国籍の子どもや発達障害のある子ども、学習障害のある子どもなどが通常学級に在籍しているため、40分程度集中して文字を読んで文字で答える客観式・記述式調査が不得意な子どもが少なくありません。

そのため、少数ではありますが、一部のマスコミが指摘していることが正しければ、登校制限といった残念な事実が起きてしまうのでしょう。

しかし、この全国学力・学習状況調査は、そうした子どもたちを含み入れて、どのような授業改善や合理的配慮が必要かを、正答率の分布グラフやＳＰ表、そして結果チャート等を多面的・多角的に分析して考えることが大切なのです。

したがって、こうした課題のある子どもたちを排除することは認められません。学校の子どもたちの学力実態は、子どもの特性だけでなく、地域、家庭、管理職、教員、教育委員会による学習環境の整備状況などの多様な要因によって決まってきます。ですから、あくまでも「子どもを選ぶ」という発想ではなく、関係する大人たちが「子どもを育てる」ために、そしてそのための確かな資料やデータを得るために学力調査を活用してほしいと思います。

であるならば、結果は公表しなくてもいいのではという考え方もあるかもしれませんが、あくまでも全国学力・学習状況調査では、結果の公表は都道府県及び政令指定市の単位での平均正答率だけなのです。もし、各学校の平均正答率を公表しているとすれば、それは校長の独自の判断か、市区町村教育委員会の指導によるものです。専門家検討会議では、各学校での具体的な数値による結果の公表を求めているわけではないことをご理解ください。それは、過度な競争によって学校での授業改善が適正に進まなくなることを心配しているからなのです。

3 問題Bは難しすぎるので、授業で扱う必要はない？

学力向上の研究をしている学校でも、算数・数学科の研究授業においては、問題B、いわゆる活用問題を扱うことは必ずしも多くはありません。学力向上の研究発表会での事例報告を見てみても、活用問題を取り上げていることはほとんどありません。

２０１５・１６年に教科書が中途改訂されて、算数・数学科においてはより多くの活用問題が扱われるようになったにもかかわらず、活用問題を取り上げた授業を見せていただく機会はあまり多くはありません。

その大きな原因は、教科書にせっかく活用問題が掲載されても、指導書を見るとそのページには、時数配当がなされていない場合がほとんどだからです。学校では、教科書の各単元に関わる標準配当時数をもとにして年間指導計画を作成しているため、時数配当がないとよほどの目的意識をもって授業改善を進めている研究指定校でもなければ、活用問題を授業で扱うことは難しいのです。

こうした教科書における、「活用問題には配当時数0」という問題をクリアしなければ、活用型学力、つまり思考力・判断力・表現力を高める授業改善が普及していくことを望むことはできませんし、いつまでたっても問題B（これからはA・B一体化問題となるため、活用問題に相当する問題）の平均正答率を上げることはできないでしょう。教科書会社の一層の工夫を望みたいと思います。

しかしそうではあっても、まだ学校の先生方にとっては、「問題Bは難しすぎるので授業で扱う必要はない」「問題Bは学力調査に出てくる特殊な問題だ」「基礎学力に課題がある子どもが多い中で、しかも扱う内容が多い算数・数学科では活用問題までこなすゆとりはない」というのが実感ではないでしょうか。確かにそのとおりだろうと思います。

今回の学習指導要領の改訂では、学習内容は減らさず、学習時間は増やさず、子どもたちに「主体的・対話的な学び」のために時間をかけることを求めているわけですから、「深い学び」の重点である「活用」に時間をかけることができないとは、なんとも皮肉なことではないでしょうか。

こうして考えてくると、活用問題を授業で扱うことは今後ますます難しくなってくるでしょう。

しかし、活用問題は調査のための特殊な問題ではなく、どの子にもその解決を通して、思考力・判断力・表現力を身に付けてもらいたくて作成しているのです。ですから、各学校においては、算数・数学科のカリキュラム・マネジメントを通して、活用問題を少なくとも各学期に1問か2問程度扱う小単元を位置付ける工夫をしていただければ幸いです。

国語科においても、活用問題では多くの場合、100字程度の条件付短作文が出題されることが多いので、授業においても「はがき新聞」を活用するなどして、100字程度で自分の考えを、問題文をふまえて条件に沿って簡潔に記述・論述する力を育てることが大切です。そのために、どの小単元で短作文を課すかを判断し、カリキュラム・マネジメントによって各学期に1回ずつ活用単元を配置するようにしてください。

そうすると、3年程度で学校の活用問題に関わる平均正答率が10ポイント程度上昇するようになるでしょう。私が関わった研究指定校では、そうした好循環が生まれ、子どもたちの学力がしっかりと向上していますので間違いありません。

4 社会科はなぜ学力調査の対象教科にならない？

これは興味深い問いですが、その答えは推測の域を出ません。

2007年に第1回目の学力調査が実施されたときは、2教科（国語科と算数・数学科）のみでした。その後、2012年から3年に一度のサイクルで理科が実施されるようになり、いよいよ2019年からは中学校で英語科の学力調査が実施されます。

つまり、2019年には、小中学校の5教科のうちで学力調査の対象にならない教科は、社会科だけになるのです。だから社会科を入れようというのでは、形式的な浅い理由にしかなりません。また、2019年から問題Aと問題Bが一体化することによって実施時間が2コマ浮くわけですから、社会科を入れて3年に一度のサイクルを実施すれば毎年3教科の実施となります。つまり、このサイクルに社会科を入れることは理論的には可能です。

しかし、私の個人的な感触では、あくまで推測ですが、社会科は文部科学省の学力調査には今後入りそうにないというのが、この問いへの答えです。

そう推測する理由は、①理科や英語科と比べて、社会科の学力向上を求める国会議員や団体、産業界、学会が強くないこと、②社会科の教材は歴史や政治によって多様な価値観を反映しているため、価値中立的な問題が作りにくいこと、③社会科で扱う歴史事象や地理的事象は個別の地域で発生しているため、都道府県の間で得意不得意の偏りが生じやすい、という事情があるからだろうと個人的に思います。

私自身は、社会科の学力調査が必要であると考え、専門家会議でも強く主張してきました。それが契機となって2015年に出された「全国的な学力調査の今後の改善方策について『論点の整理』」という公式文書で、「社会科の実施の是否等について改めて検討する必要がある」という趣旨の内容が明記されています。しかし残念なことに、私の直感ではその実現可能性は高くはありません。

あきらめているのではなく、その逆に、私は社会科の学力調査がぜひとも必要であると考えています。

その理由は、社会科の授業改善がわが国では最も遅れていると考えているからです。覚える事項が多いため、ついつい講義形式や教師主導の授業になりやすいのが社会科だからです。いつになったら、「社会科は暗記科目」という汚名を晴らすことができるのでしょうか。知識の習得は悪いことではありませんし、社会科学習の基礎づくりにとって不可欠です。しかし現状では、社会的事象に関わる思考力・判断力・表現力の育成とのバランスがよくないことは事実でしょう。

そこで、もし社会科の学力調査が実施できれば、社会科の問題Bを作成して、複数の資料を提示しその比較分析から明らかになったことを、既有知識を活用しながら筋道を立てて考察し記述する力を見ることが可能になります。そして、その正答率を分析すれば、知識ばかりを教え込んでいる授業を改善する方向性が明らかになったり、資料活用に基づく授業づくりのイメージがはっきりしたりすることになるでしょう。

そのような期待から私は、社会科の学力調査は日本の教育改革の最後の推進役として必要だと判断しているのです。

しかしその期待は、学力調査ではなく、実は学習指導要領の改訂によって、「主体的・対話的で深い学び」という学び方の改善のイメージを提唱することにより受け継がれて実現に向けて動き出し始めました。

こういう経緯を経て、学力調査には社会科は含められそうにありませんが、その目的は社会科の授業改善ですから、これからは社会科の「主体的・対話的で深い学び」の視点に基づく授業づくりの研究を推し進めていくことで、子どもたちの社会事象に関わる思考力・判断力・表現力を育てることが大切になっているのです。

5 学力調査は悉皆でやるべき？ 抽出でやるべき？

この問いは、今でも結論が出ていない問いです。専門家会議でも、2007年以来、何度となく議論になってきました。また、2011年に政権が民主党に代わり、事業仕分け会議で「学力調査は無駄！」と判定されて、受検校数を3分の1程度に減らして抽出調査として実施した時期もありました。その3年間を除いて、全国学力・学習状況調査は、小学校6年生と中学校3年生を対象にして悉皆調査として一部の私立学校を除いてほぼ全員の児童生徒の皆さんが受けています。

学力について研究をしている大学の研究者の中にも、全国学力・学習状況調査は抽出でやれば十分という考えを主張している人がいます。また、専門家会議にもそのような主張をする人がいます。

大きく性格付けをするならば、抽出調査を主張する人は、学術的な研究の基盤の上に児童生徒の学力実態とその変容を科学的に明らかにすることを目的としているといえるでしょう。その逆に、悉皆調査を主張する人は私を含めて、各学校で一人ひとりの先生方が日々の授業を改善するための資料やデータを提供することを主要な目的としているように思われます。

文部科学省としては、両者の目的をどちらも大切にしながらも、毎年実施している基本調査においては悉皆調査によって国内のすべての小中学校で、自校データと都道府県や市区町村の平均正答率を比較しながら、自校の学力実態に応じた授業改善を推進していくことにやや重きを置いてこの政策を推進しているようです。

確かに政治が変われば、学力調査の実施方式は変わります。また、予算編成の重点や国の教育振興基本計画の内容によって変わることが今後あるかもしれません。また、学力調査そのものがＯＥＣＤのＰＩＳＡ調査の結果に基づいて実施された教育行政の一環なのですから、また新たな外圧によって新しい政策のあり方が決まることがあるでしょう。

しかし大切なことは、日本国内のすべての小中学校で子どもたちの学力向上のために、先生方が授業を改善するための実践的な研究を継続していくことなのです。そう考えるならば、例えばもう10年間程度は悉皆調査を実施して、その結果を各学校での授業の成果の検証と改善のサイクルを動かすエビデンスとして生かすことが必要であると私は考えています。

いま各都道府県や市区町村では、その他の学年でも独自な学力調査を実施して、学力向上の取り組みを推進することがかなり定着してきています。調査が多くなりすぎることに注意は必要ですが、文部科学省が学力調査を始めたときのねらいが、教師の経験と勘に頼った授業づくりではなく、資料やデータによるグローバルで客観的な指標に基づく授業改善であったことの意味を、いま一度確認しておきたいと思います。

6 結果チャートは誰も見ていない！ は本当？

本書の読者である学校の先生方は、「結果チャート」という資料が、夏になると調査結果を提供する段ボール箱に収められたＣＤに入っていることをご存じでしょうか。

そのサンプルが、巻末資料2です（実物はカラーのきれいなレーダーチャート）。これは、２００８年から各学校へすべての調査結果の資料とともに提供されているもので、横浜市立大学の土屋隆裕先生と私が共同開発した知見に沿って作られています。

右のレーダーチャートは、子どもの教科別学力調査の自校平均値と児童生徒質問紙調査の領域別スコアを合わせてグラフ化したものです。破線は、所属する都道府県の平均値を示しています。昨年度と本年度のレーダーチャートを比較して見れば、厳密ではありませんが、ゆるやかな経年変化を見ることが可能です。

左のレーダーチャートは、子どもの教科別学力調査の自校平均値と学校質問紙調査の領域別スコアを合わせてグラフ化したものです。

どちらも、自校の学力実態が、問題Ａと問題Ｂのどちらで成果を上げているのか、教科ごとの違いはあるか、子どもの学力実態と学習状況・指導状況には関係が見られるかといったことが、可視化されているためわかりやすくなっています。

これからの学力向上の取り組みは、こうして自校の児童・生徒の学力実態の強みと弱みを見極めたうえで、自校の特色ある中期的な重点計画を必要としているといえます。なぜなら、児童生徒の学力や学習習慣等に課題があるといっても、その原因は学校によって様々だからです。

したがって、各学校での独自な学力向上の取り組みを可能にするためには、各学校に提供された調査結果を集約して、こうしたレーダーチャートの形で視覚的にわかりやすく表現して、自校の学力実態の特徴をしっかりと診断することが効果的です。

レーダーチャートがあると、各学校が自校の学力実態をより明確にとらえやすくなり、その結果、その学校がまさに必要としている取り組みの重点が明らかになって、意図的で計画的な学力向上の取り組みが可能になるのです。

さらに問題Aだけでなく問題Bの結果分析を行うことや、児童生徒質問紙調査と学校質問紙調査の結果分析によってこれから求められる活用型学力を育てるための問題解決的な教科学習の研究や、協力と規律ある学級集団づくり、多様な学び方を身に付けさせる習得型の学びのあり方についての研究が求められています。

そのために開発されたものが、結果チャートなのです。しかし、これが期待していたように十分に多くの学校で活用されていないようなのです。

しかし、私は学校との共同研究を仕事にしているため年間で50校以上の小中学校を訪問していますが、どの学校で尋ねても、「結果チャート？　それは何ですか？」「どこに入っているのですか？」といった反応に出会います。せっかく、学校の先生方のために、全国学力・学習状況調査の結果を可視化して分析しやすくしたツールを開発したのですから使ってくれていると期待していましたが、残念な状況にあるようです。

確かに使っていただいている学校はあります。そこでは、校長先生がしっかりとリーダーシップをとって、学力向上の取り組みを着実に推進しています。そのような学校の校長先生からは、「結果チャートは結果がわかりやすく可視化されているので便利ですね」と高い評価を受けることが多いのです。

この結果チャートは、学校によっては学校ＨＰで公開して地域や保護者への説明責任を果たしているところもあれば、保護者説明会やＰＴＡ総会での説明資料に入れている学校も出てきています。もちろん、校内での研修会資料として印刷して全学年の先生方と共有している学校もあります。

ぜひ、段ボール箱のＣＤを開いてみて、この「結果チャート」を利用してみませんか？　きっと、新しい学力向上の取り組みアイデアがいくつも浮かんでくるはずです。

なお、２０１９年度に提供される結果チャートは、形状等がこれとは異なっていることがあります。

7 学力調査では資質・能力は測れない！　は本当？

新学習指導要領が、児童生徒が身に付けるべき「資質・能力」を領域別に整理して記述するようになったのは周知のとおりです。資質・能力と学力とが異なる用語であるため、新学習指導要領では学力向上を意図していないとか、学力調査は資質・能力を見ることができないので、アクティブ・ラーニング（「主体的・対話的で深い学び」）と学力向上は関係ないといった考えが時々、教育雑誌や講演会、学校の先生方との会話で聞こえてくることがあります。

確かに、新学習指導要領が定めている資質・能力のすべてを学力調査で測ることはできません。また、その逆に、「主体的・対話的で深い学び」で求められる数多くの表現活動、例えばスピーチ、プレゼンテーション、レポート作成、ディベート、などは、子どもたちによる実際のパフォーマンスであるために、ペーパーテストや質問紙ではなく、ルーブリックを使わなければ学習評価ができません。

そういう意味では、この質問は部分的に本当であるといえるでしょう。

しかしもう少し詳しく考えてみてみると、学力調査が想定している学力と新学習指導要領が想定している資質・能力には、多くの共通性があることがわかります。

例えば、資質・能力といっても実際に新学習指導要領を見てみると、その内実は、これまでとは大きく変わらず、「知識及び技能」「思考力・判断力・表現力」「主体的に問題を解決しようとする態度等」（教科・領域によって固有の用語が用いられている）という3領域に分けて整理されていることがわかります。

したがって、学力調査においてもこれまでどおりに、「知識及び技能」「思考力・判断力・表現力」の一部を教科別学力調査で測り、「主体的に問題を解決しようとする態度等」は児童生徒質問紙調査で測ることに変わりはありません。

その意味で、「資質・能力」という用語が多用されるようになった新学習指導要領の下でも、子どもたちに身に付けさせるべき学力に大きな変化はないので、アクティブ・ラーニングは学力向上とは関係ないといった俗説にはかかわらずに、これまでどおりに学力調査の問題を分析して、それぞれの問題が新学習指導要領で規定している多様な資質・能力とどう関係しているのかを理解し、アクティブ・ラーニングを通してしっかりと子どもたちの学力向上につながる授業改善の工夫をしていただくことをお願いしたいと思います。

8 大学入学共通テストと問題形式がなぜ同じなの？

最後の問いは、「大学入学共通テストと問題形式がなぜ同じなの？」です。これは、２０１７年度から新たに生まれてきた問いです。

この年は、大学入試センター試験の改訂版である、「大学入学共通テスト」という名称になる新テストの試行調査問題が実施された年なのです。新テストそのものは、２０２１年度入試から導入されます。その改訂の最も大きなポイントは、記述式問題が出題されることです。さらに、その記述式問題は、まるで全国学力・学習状況調査の教科別学力調査の問題Ｂにそっくりだということなのです。

言い換えれば、資料を分析して知識を活用して自分の考察・解決結果を条件に沿って論理的に記述するという問題なのです。まさに、活用問題である問題Ｂです。

なぜ、これからの新しい大学入試の問題が小中学生を対象とした教科別学力調査の問題Ｂと類似しているのでしょうか？　それは、大学入試問題の改訂によって活用問題を取り入れることを通して、義務教育と高等学校の教育を共通の学力観（活用型学力：思考力・判断力・表現力）で一貫させて、「主体的・対話的で深い学び」を通して児童生徒の思考力・判断力・表現力をより一層向上させようとしているからと推測されます。

その方向性に沿って、文部科学省と大学入試センターが意思統一をして教育改革に一致して動いているという感触があります。

これまで、「大学入試が変わらなければ、高校教育は変わらない」と言われてきました。

もう、大学入試は変わるのです！

したがって、2018年度に高校1年生である生徒が受けるこれからの授業では、すでに授業改善を始めて、活用問題を取り扱うアクティブ・ラーニングを実践することが生徒の進路保証のために不可欠になるということを忘れてはなりません。

【参考文献】

田中博之著『アクティブ・ラーニングの学習評価』学陽書房、2017年

コラム2 A・B一体化問題の特徴を探る！〈国語科〉

2019年度から出題される予定のA・B一体化問題とはどのようなねらいや特徴をもつ問題なのでしょうか。具体例を、文部科学省から公表された資料に基づいて予測してみましょう

まず、国語科の新しい教科別学力調査の冊子は合本されて一冊となり、その中には、大問が四つ～五つ程度含まれるようになると想定できます。どの大問もこれまでの問題Bで出されてきた、いわゆる活用問題になるでしょう。そこでこれまで問題Aで出題されてきた基礎的・基本的な内容の習得状況を見る問題は、それぞれの大問の中の小問（問1など）として組み込まれる形で出題される予定です。

例えばサンプル問題を見てみると、小学校の国語科では、難しい漢字の読みと意味を問う問題を、スピーチ原稿を書くために読んだ資料の中にある漢字を辞書で調べる活動に見立てる形で出題しています。また、長文の文脈に沿って、難しい単語の意味を推測して、より簡単な類義語を言い当てる問題もありました。中学校の国語科では、本の奥付を参考にして、出典を正しく書くことを求める問題が出ていました。

このようにしてサンプル問題を見る限り、**国語科におけるA・B一体化問題は、アクティブ・ラーニングのような課題解決的な学習過程で実際に起こりうる調査活動や表現活動を想定して、資料の文脈に沿って考えることを求める基礎基本問題を活用問題に組み込むという方針で作成される**ことがわかります。

したがって授業においては、これまでより一層活用問題を取り扱うようにして、その課題解決的な学習過程で、基礎的・基本的な知識・技能の想起や復習、学び直しなどをしっかりと組み込んだ指導をすることが大切になります。

V

学テ実施12年
—どんな問題が
クローズアップされたか
事件簿を検証する—

新聞や発表資料を作る

文部科学省が実施する全国学力・学習状況調査は、２００７年に第1回を開始してから、途中、東日本大震災で中止されましたが、全国の都道府県と政令指定市の協力を得て、大きな混乱もなく２０１８年度に11回目を実施することができました。２０１６年には熊本地震が発生したため、九州の一部の被災地でも中止されたところがありました。それぞれに被災された方々には、心よりお見舞い申し上げます。

筆者は、本調査の分析や改善を検討する「全国的な学力調査に関する専門家会議」の委員を当初から12年間務めてきて、数多くの誤解や要望を受けながら、本調査が本当の意味で日本の子どもたちの学力向上と学校の先生方の授業改善に資するものになるよう努力してきたつもりです。

最近では、学校の多忙化によって本調査の実施がやや負担になっていることから、問題Aと問題Bを国語科と算数・数学科でも一体化して実施時間を短縮することを提言したり、いくつかの自治体で行われているような大量のドリルプリントを上から強制することには苦言を呈したりしてきました。それは、本調査が先生たちや子どもたちの過度な負担になることなく、授業や学習の改善に少しでも役に立つようにという願いがあるからです。

それでもなお、全国学力・学習状況調査についてはまだ誤解も多く、いくつかの自治体では本来の調査のねらいや趣旨を逸脱したトラブルも発生し続けていることに、残念な気持ちをいだき続けてきました。

そこで、この章では、そうした趣旨の取り違えによるトラブルを、「学テ事件簿」と称して、代表的な問題事例を取り上げながら、今後同様な「事件」が起きないことを願って、事件の概要と私の思いを整理しておくことにします。

1 特別支援学級の児童生徒に登校制限をしたという情報が流れた

2007年に第1回目の全国学力・学習状況調査が始まってから、不正受検の噂はいろいろな経路で筆者も聞くことがあり、大変残念に思っていました。不正受検といっても、替え玉やカンニングではなく、学力に課題のある児童生徒に当日受検させないように欠席を促すということが主な噂の内容でした。

これは、絶対にあってはならないことです。もちろん、全国学力・学習状況調査の実施要領に照らして小学校6年または中学校3年相当の教育を受けることが適正であるという判断がなされていない児童生徒は受検する必要はありません。しかし、当該の学年の教育を受けることが適正である児童生徒に当日の欠席を促すことは、本人から学力向上につながる指導を受ける機会を奪うことになるだけでなく、そもそも法の下に平等であるべき教育を受ける権利を奪うことになります。大きな人権問題になる可能性があったのです。

残念なことに、今でもいくつかの自治体では、学力調査の平均正答率を上げることだけを目的として、首長や教育長、地方議会議員が教育委員会や学校長に対して過度なプレッシャーをかけているところがあります。学力を向上させることはよいことなのですが、強制される方法はというと、ドリルプリントの枚数を増やせとか、宿題を増やせとか、夏休みを減らせとか、単純な知識の反復にしか過ぎない浅いものばかりで、あげくの果ては、「とにかく点数を上げろ」という教育的配慮のない浅薄な脅しとも受け取られるものもあるのです。

こうした非教育的な強要によってでは、学校では本書で提案しているような「深い学び」に基づく高度で継続的な授業改善が促進されることは決してありません。その逆に、いくつかの学校では、「今年はあの子がたまたま欠席になってよかった」といった残念な声を数人の先生から聞いたことがあります。

こうした先生方の中にある、「学力に課題のある子の欠席」に安堵するような気持ちは、学校の先生方に非があるというのではなく、それだけ過度な圧力を受け続けているということなのです。こうした強制的な指示を受け続ける限り、いつかまた課題のある子の欠席を強要するような学校が出てこないとも限りません。

ですから、筆者が訴えたいことは、次の2点です。

① 全国学力・学習状況調査の目的は、各学校や自治体の平均正答率を上げることではなく、児童生徒の学力向上に効果的な授業を実施するうえで必要な資料を収集することである。したがって、学力調査の平均正答率を上げることを各学校に求めるのではなく、授業改善をどのようにどれほど行ったかを求める調査を各自治体が行って、その充実度を報告・公開する。特に、問題Bを解決する力を育てる授業の工夫について詳しく報告する。

② 各自治体は、管内の学校で不正受検が行われていないかどうか、全校の児童生徒の当日の出席状況を把握する。

一刻も早く、練習量の増加だけを求める浅はかな学力向上策を強要する教育行政ではなく、児童生徒の思考力・判断力・表現力を育てる「深い学び」に基づく授業改善の充実のために予算をかけて、粘り強い教員研修と教員定数の改善を行うよう、各自治体に強く求めたいと思います。

2 学テの結果を、高校入試で利用する調査書に入れた

これは、2015年に大阪府知事が、次年度以降の府立高等学校入試で利用する、中学校からの調査書に全国学力・学習状況調査の結果を個人別に記載するとした一件です。

大阪府教育委員会の主張は、府内の中学校は必ずしも学力実態が均一ではないため、全国学力・学習状況調査を利用すればそれが絶対的な基準となって各生徒の学力の実態が正確に高等学校に伝わること、そして、中学校に対しては各校の学力向上への取り組みが入試に関わる進学実績に基づいて活性化するといった趣旨でした。

この件は、明らかに本調査の実施要領の趣旨を逸脱していました。そのため、専門家会議では私自身が発言の機会を求め、事実確認とその経過報告、そして事態改善への努力を行うよう、文部科学省に求めました。

全国学力・学習状況調査は、あくまでも各自治体や各学校での学力向上の取り組みを促進・改善するために行われるものですから、それを生徒の進路を左右する入試という選抜テストで利用するというのは、データの目的外利用のそしりを免れません。ただし、その時の実施要領に、「入試などには転用しないこと」といった明確な記述がなかったため、これ以降、目的外利用はしないように求める記述を入れることにしました。

その後、大阪府教育委員会と文部科学省とで解決のための協議をもち、学校や保護者への混乱を最小限にするために、すでに公表していて中止できない一年目の転載は仕方ないとして、二年度目以降は転載しないことで合意できたことは朗報でした。

こうした入試への目的外利用というトラブルを、他の自治体に広がることがなく食い止めることができてほっとしているところです。ぜひ、各自治体においては同様の事件が起きないよう、実施要領の趣旨と記述を十分に理解して調査実施に協力していただきたいと願います。

3 学テの結果を、教員の評価や給与に反映する計画を公表した

今度は、大阪市長が２０１８年に公表した件で、市内の公立小中学校の教員の給与を自校の全国学力・学習状況調査の結果を反映させて決めることを予定しているという衝撃的なニュースでした。

大阪市の子どもたちの学力実態には、まだまだ課題が大きいことは事実です。しかし、その大きな原因は、教員の努力不足や研究不足にあるのでしょうか？　筆者は、経験的にその割合は、20％程度であろうと思います。例えば、子どもたちの学力実態を規定する要因には、次のような多様なものがあるのです。

【児童生徒の学力に影響する要因】

①　教師の授業力や学級経営力
②　家庭の教育力（特に学習習慣と生活習慣の確立）
③　家庭の保護者の学歴や進路希望
④　家庭の社会経済的ステータス（三世代同居の割合を含む）
⑤　地域の社会経済的ステータス（生活保護率や就学支援率など）

⑥ 教員の研究組織の取り組み
⑦ 教育行政の取り組み（教員定数の改善に関わる予算措置を含む）
⑧ 地域の塾や予備校の取り組みや数
⑨ 校内での授業研究の組織度・継続期間と校長のリーダーシップ
⑩ 児童生徒本人の努力

ですから、教員がどれほど学力向上に向けて努力をしても、なかなか結果は上がらないというのが学力の特徴なのです。ただし、授業改善に頑張って成果を上げた教員が報われること自体は悪いことではありませんから、もしこの政策を実施する場合には、最低でも「学力の伸びが得られた場合に」「ボーナスアップを純増原資で」「その学校の教職員全員に」「教員の人事評価とは分離して」といった条件を付けて、頑張る教員がさらに勤労意欲を高められる工夫をしてほしいと思います。単純な平均正答率の高い低いだけで判断するようになると、家庭や地域に課題のある学校への人事異動を不幸・不運ととらえる教員が生まれてしまいます。そのようなリスクを負うことは、公教育を預かる行政にはできないはずです。

4 学テの結果によって、校長名を公表した

これは、2013年に静岡県知事が、国語科問題Aの学力調査の結果が良好（全国平均以上）であった小学校の校長の名前を公表したという事件です。はじめは、結果が良好でなかった学校の校長名を公表する予定で

したが、県教育委員会の強い反発を受けて、変更したものです。しかし、どちらにせよ、学力の結果は、校長のリーダーシップで説明できるのは、経験的に20％程度であると感じています。

人事権も予算権も十分には与えられていない日本の公立学校の校長が成果を上げようとして無理をしても、ブラックといわれる学校がますます多忙化して教員に過度の取り組みを強いることで学校は疲弊していくことでしょう。静岡県が35人学級を義務教育段階のすべての学年で実施していることは素晴らしいことですが、やるべきは名前の公表ではなく、校長が学力向上の取り組みを実施しやすくなるように、専任の加配教員を増やすことが先決です。「学校教育の責任」は、「学力の伸び」についで負うべきであって、その時点での高い低いを指標としてはならないのです。学力の低い学校に校長を異動させたのは、教育委員会の人事異動の責任なのですから。

事実、その後、静岡県の小学校の国語科問題Aの平均正答率は、低迷したままです。

自治体の首長がやるべきことは、名前の公表による叱咤激励ではなく、教育予算を増額して教員定数の改善を行うとともに、学力に課題のある学校へ計画的に学力向上担当教員を加配し、学校の取り組みを教育委員会をあげて支援するとともに、その成果を学力調査の結果から追跡・検証していくなどの措置を行うことではないでしょうか。

他の自治体でこうした名前の公表などが行われないことを、切に望みます。

こうしてこの12年間にいくつかのトラブルや事件が起きたものの、全国学力・学習状況調査は、全国の都道府県と政令指定市の協力の下に、概ねスムーズに実行されてきたといえるでしょう。

途中で、民主党政権が生まれ、「事業仕分け」によって全国学力・学習状況調査は「ムダ！」と判定され、全数調査から30％程度の抽出調査になりましたが、また第2次安倍政権が誕生して全数調査に戻されるなど、政治に翻弄されることもありました。確かに、全国学力・学習状況調査は年度によって異なりますが、約50億円の予算が必要な大型国家事業です。国民の貴重な税金を使って実施するものですから、無駄と言われないように、国民のためになる施策に不断に改善し続けることが必要です。

実施教科数を増やしたり、話す活動の録音を求めたり、質問紙調査の項目数を増やしたりして、学校の負担を高めてしまうこともありましたが、学校や教育委員会の要望を取り入れながら、今後とも子どもたちのための調査にしていくことに筆者自身責任を感じているところです。

コラム3

A・B一体化問題の特徴を探る！〈算数・数学科〉

ここでは算数・数学科に焦点を当てて、A・B一体化問題のあり方を予想してみましょう。国語科と同じように、これまで問題Aで出題していたような簡単な基礎基本問題は大問として出題されないようです。大問はすべて活用問題のようです。

サンプル問題を見てみると、小学校の算数科では、身近な日常生活の場面（買い物での料金計算や商品の量の計算）に即して基礎的な計算問題を解かせています。また、中学校の数学科では、日常的な統計調査の場面（黄金比の感覚調査）において、統計の正しい基礎用語を文脈に即して正確に理解しているかを問う問題がありました。

このようにしてサンプル問題を見る限り、**算数・数学科におけるA・B一体化問題は、日常生活の場面で、算数・数学的な考え方を活用して問題解決をする思考過程において、問題の文脈に沿って基礎的・基本的な知識・技能を正確に活用できるかを問う問題**になっています。

しかし、より注意すべき新しい出題傾向は、これまでの問題Bに単純に問題Aを組み入れるだけでなく、アクティブ・ラーニングで求められる高度な思考・判断・表現に関わる活動に必要な新しい資質・能力を問うていることです。例えば、「試行錯誤しながら最適解を見つけ出す問題」や「児童自らが問いをもつこと」を取り入れた問題、さらに「日常生活の場面に戻ってさらに再思考し探求する文脈」を意識させる問題や、「新たな問いを持ち、考察をすることを問う」問題が出ています。

このようにして2019年度からは新しい傾向の活用問題が多く出題されそうですので、ますますアクティブ・ラーニングにおける「深い学び」を取り入れることが必要なのです。

VI

秋田式探究型授業による学力向上のヒミツを探る

グループで考えをまとめる

私は、２０１１年に、文部科学省が実施する全国学力・学習状況調査において比較的良好な結果を継続的に示している秋田県と福井県を対象として、両県における教育委員会の教育施策及び学校における教育指導のあり方等の特徴を、インタビュー分析、学校訪問調査及びデータ分析を組み合わせながら多角的に明らかにする調査研究を実施し、その成果を公開しています（参考文献参照）。

研究成果として明らかになったことは、両県ともに県教育委員会と市町村教育委員会が教員の授業力向上に対して大変積極的な取り組みを継続的に実施していること、そして学校においては校長と教員が協力して児童生徒の学力向上と学習状況の改善に向けて熱心な教育指導を行っているということでした。

特に、両県ともに授業における児童生徒の集中力が高く、規律が取れており、一単位の授業がしっかりと成立していました。また、書く指導に特に重点を置いていることが記述式の問題を解くうえで成果を上げていました。さらに、家庭における宿題や自主学習の習慣をつける指導や働きかけが充実していました。

そしてこのような特徴は、すでに幼稚園・保育所の段階から始まっていて、小学校ではもちろんのこと、授業規律が乱れやすく、家庭学習の習慣が乱れやすい中学校段階においても持続していることが両県の児童生徒の学力の高さを支えていることがわかりました。

ここでは、この研究成果報告書の中から秋田県の授業の特色について紹介し、今でも十分効果的な学力向上につながる工夫を整理してみることにしましょう。

1 秋田県教育委員会への聞き取りからわかったこと

秋田県の学力調査の結果の特徴は、問題Aや問題Bの平均正答率の高さだけでなく、「無回答率」が低いことです。これは、秋田県の小中学校では、「復習習慣」「発表」「話し合い」を多く行っているからなのです。そして、「地域がキャンパス」という考え方に基づいて、地域の教育力を生かした取り組みを行っていることも特徴としてあげられます。

さらに、秋田県では、教師も子どもも、「やり遂げる」こと、そして「×を○にする」ことが大切であるという文化があるからなのだそうです。

もう少し具体的には、次のようなポイントが学力の高さの原因としてあげられます。

まず、家庭学習については、必ずしも時間は長くかけていないようですが、30分以上という基準で見てみると、秋田県ではほとんどの小中学生が毎日家庭学習をきちんとやっています。中学校では部活動が盛んなので、あまり多くの時間をかけることはできないのですが、30分という時間の中で効率的に家庭学習を行っているそうです。

家庭では、宿題といわゆる「自由勉強帳」と呼ばれるノートに自主的な学習の成果をまとめさせるという、二本立てで行われていることが特徴になっています。小学校では、こうした家庭学習のノートを子どもたち同士で交換させて良いモデルを見せたり、家庭学習週間を設定して優れたノートを作った児童を表彰したりしています。また、教師からのノートのチェックも丁寧に行われていて、小中学生ともに毎日点検を受けると_ともに、小学校では教師が青字でやり直しの項目を書き込んだり、中学校では追テストを3回まで実施したりして習得をしっかりしたものにするなどの工夫をしています。

ちなみに、この自主学習のためのノートは、現在のベテラン教師が子どもの頃からあったものなので、秋田県ではすでに40年以上の歴史があるそうです。小学校では学級担任が毎日提出させてノートチェックをしていますが、中学校ではノートの内容のチェックは教科担任が行うものの、学級担任も提出状況や内容の充実度について教科担任に問い合わせるなどして総合的なチェックを行っているそうです。こうしたノートチェックの特徴は、毎日、教師がノートにコメントを入れて返却することです。

そのための時間を見いだすことは難しいはずですが、秋田県では、どの教師も昼休みなどの時間を利用して、ノートチェックを行っているのだそうです。昼休みを使ってということは、実際には難しいことと思われますが、このノートチェックについては、教師と児童生徒のコミュニケーションを取るために重要なことなので、先輩教師から若い教師にしっかりとやるように伝えられてきたということです。そして、もしノートチェックをいい加減にするようなことがあると、先輩教師が若い教師を叱ることもあるほどだそうです。

家庭学習のノートチェックをしっかりと行うことと並行して、秋田県では、学級ごとに「一言日記」をつけさせています。これは、普通のノートに一週間（5日間）で1ページ程度になる分量で、毎日、その日にあったことやその感想を書かせて提出させ、学級担任が見るようにしています。そのねらいは、教師と児童生徒のコミュニケーションを取ることで、学習面や生活面でのモチベーションを高めることであり、子どもたちが行ったことや作った作品などを認める機会を増やすことにつながっています。このようにして、秋田県では、ノートチェックや日記などを通して教師と児童生徒のコミュニケーションを活性化する手だてがいろいろと定着してきていますが、そこには、「一人の先生がやっている良い方法は、他の先生が参考にして多くの先生がやり出す」という教員文化のためだそうです。そのため、秋田県では、新しい教材や指導法が広がりやすいといいます。

そのような教員文化によって、秋田県では、学級通信を出すことについても大変積極的で、中学校でも月に3回は学級通信を出しているところが多いのです。さらに、中学校では、長期休業期間中に生徒の自主的な学習習慣を身に付けさせるために、朝10時に部活動の練習が始まる前に、朝9時からプリント学習を10日間程度実施する学校が増えているそうです。そこでは、生徒一人ひとりが、自分がやりたいと思うプリントや教材を持ってきて自主的にやるようにしています。学校によっては、生徒が休み期間中でも学校に来て学習する機会を増やすために、午前と午後の2回、このプリント学習の時間を設定しているところも増えているそうです。秋田県内では地方の方が、塾がないため、保護者が学校にこのような学習のあり方を期待していることも要因となっています。

2 秋田県公立幼稚園元園長への聞き取りからわかったこと

秋田県では、公立幼稚園が多く、早くから幼小連携の取り組みを進めてきました。その取り組みの中では、保育園においても保育計画を0歳児からしっかりと立てることを重点的に行ってきています。そのような取り組みを通して、3歳児の子どもの育ちの高さに気付いたことが、幼稚園側の成果としてあげられるということです。一方、保育園側では、保育計画をしっかりと立てることで、「子どもを見ているだけの保育」から、「一人ひとりの子どもの個性に応じた教育的な関わりを行う保育」への転換に努力するようになったそうです。このような幼稚園と保育園の取り組みの発展は、秋田県教育委員会の指導主事によるアドバイスの下、さらに小学校の教師や保健師の協力の下に実現されたものだそうです。

教育行政による幼稚園と保育園の教育改善については、すでに昭和46年より、県内の教育事務所単位で、数名の指導主事がチームを組んで、年1回、多いところで年3回程度、幼稚園と保育園の計画訪問を行ってきました。視察の観点は、環境、安全、保育、計画書、管理など多岐にわたり、改善項目が口頭で伝えられるようになっています。

以上のような幼小連携の取り組みは、常に、「自分たちが育てた子どもたちが、小学校へ上がっていく」ということを意識して行ってきたことに特徴があるということです。つまり、幼稚園や保育園（現在では認定こども園など）の子どもたちが、「小学校に上がってから何が一番必要か」という観点から保育活動の改善を図ってきたのです。具体的には、次の3点に集約されるそうです。

① 座って話を聞く姿勢

② 楽しく興味を持って遊ぶ集中力

③ 保育者による遊びの計画づくり

この3点を大切にした保育を行うことを通して、小学校に上がってから小学校での学習や生活に適応する力を育てることが、秋田県の幼稚園と保育園の課題であると考えて取り組んできたそうです。

具体的には、「コア・タイム」と呼ばれる設定保育を開発し、その実践のあり方を普及させたことが効果を上げたそうです。「コア・タイム」とは、午前中の10時から11時30分頃の間に行われる計画的な保育活動であり、教師が子どもたちに体験させたいことにしっかりと組み込み、3歳児から5歳児を対象として計画的なカリキュラムの下で実践されています。

その流れは、「お話の読み聞かせ」→「お話に出てくるものを作ろう」→「作ったもので遊ぼう」→「感想を言おう」というようになることが多いそうです。このような活動の流れを設定する意図は、まず、「読み聞かせ」によって人の話を静かに聞く姿勢を育てること、そして感想を言い合う場面では、「ほめ合うこと」と「自分の意見を発表すること」を大切にすることであるそうです。その際には、できた場面で子どもたちをほめることを大切にしています。さらに、教師と子どもの一対一の対応の中で、「あいさつを促すこと」と、「ごめんなさいと言って謝ること」の2点を基礎基本として大切にしています。

このようにして、秋田県の幼小連携教育の中で、幼稚園と保育園が協力して取り組んできたことは、集団として子どもたちが成長することをねらいとして、①ルールを守ること、②子どもたち同士でよさを認め合うこと、③コミュニケーションを取ること、という三つの力を育てることであるといえるでしょう。そのことが、秋田県の小学校における子どもたちの高い集中力や規範意識につながっていると考えられます。

ただし、このような系統的な集団性の育成という教育改革の視点は、秋田県では多く見られることですが、子どもたちが幼稚園や保育園から中学校まで、1学年1クラスで持ち上がることで学級での人間関係が固定化されるという問題意識から生まれたものだそうです。そのために、秋田県の幼稚園と保育園では、一人ひとりの子どもをよく観察し、個に応じた保育活動が行えるよう、行動観察におけるメモの取り方や子どもの行動やしぐさ、つぶやきの理解、そしてそれに応じた援助のあり方を詳細に検討する研修を充実させるようにしてきたということです。

3 訪問調査からわかった学力向上の方法

(1) 教育行政の取り組みの要因

まず児童生徒の学力向上に関する教育委員会の積極的な取り組みがあげられます。それは、秋田県において、とりわけ教師の授業力向上に最も重点を置いた教育政策に表れています。それは、具体的には次の2点の取り組みとして実施されています。

第一点めは、県独自の学力調査をすでに25年以上にわたり実施しており、その結果をふまえた各学校での授業と研修の改善の取り組みを推進してきたことです。他の都道府県や市町村の教育委員会においても独自の学力調査を数十年にわたり実施しているところもありますが、実際には調査を実施しているだけで、各学校へのフィードバックや、返却された結果を生かした授業改善の取り組みまでのフォローはなく、教育委員会による積極的な働きかけを行っていない場合が少なくありません。

逆にいえば、教育委員会が関わった学力調査の結果を各学校が受け取った後、その活用がされないままに保管されてしまうということがあるのに対して、秋田県では、各学校がしっかりと結果の活用を通した授業改善にまで到達するように教育委員会の働きかけが充実しているのです。

それと関わって、第二点めの取り組みの特徴は、教育委員会の教育施策を実効あるものにするために、県教育委員会のみならず、市町村教育委員会において指導主事が定期的に学校を訪問して（指導主事による計画訪問）、校内研修に参加し、学校の教員による研究授業を通して具体的な授業力向上の働きかけを大変積極的に行っていることです。

まとめていえば、秋田県では、児童生徒の学力向上のために、まず教員の授業力向上に取り組んでいることが効果を上げているといえます。

(2) 学校における管理職と教員の取り組み

① 校長のリーダーシップ

各学校では校長のリーダーシップが明確に発揮され、自校の授業改善による、教員の授業力向上と児童生徒の学力向上に関わるビジョンと具体的な取り組みの姿が明示されていることです。他県においては、この点において校長が具体的な授業改善のビジョンを出すことにためらいや遠慮があることが少なくありません。また、校長が提案する学校改革方針案については、学校行事や学校関係者の組織化、学校間連携等のシステム化などに関するプランが多く、教員の授業力向上に直接的な影響を与える授業づくりや校内研修のあり方に関する積極的な改善プランを出すことは少ないのです。

しかし、秋田県においては、先述したように教育委員会との連携により、指導主事を招聘した校内研究授業を積極的に実施するとともに、校内の全教員が年間少なくとも1回の研究授業を実施する体制を取っている学校がほとんどであることがわかりました。このようにして、秋田県のように、校内の全教員が年1回の研究授業を実施する学校がほとんどであるという状況は、他の都道府県では多くは見られないものでしょう。校内研究授業に関わる全国的な状況としては、小学校では全校で年間4～5回程度、そして中学校では2～3回程度ではないでしょうか。しかも、研究授業を校内で公開するのは若手教員や常勤講師であり、秋田県のように、教職経験の長いベテラン教員も積極的に授業公開を行うという実態とは大きくかけ離れています。

②　学習指導の特色

このようにして、秋田県においては、教育委員会と連携した校長のリーダーシップの下に、教師の授業力向上に向けた取り組みが校内で積極的に行われています。その成果として、各教員が次にあげるような児童生徒の学力向上に効果的な学習指導の取り組みを積極的に行っています。つまり、秋田県の教員は、学力向上に効果的な指導法をほぼ全員が共通して、かつ一貫して継続的に実施していることが、児童生徒の学力向上に大きな成果を上げているといえます。

言い換えるなら、秋田県では、いわゆる、「教員の意識の温度差」や、「指導に熱心な教員とそうでない教員」、「教員の教育観や指導観の違い」「思考力や表現力を育てる授業が得意な先生とそうでない先生」などがほとんど存在せず、教員間の授業力のレベル差が小さいといえるでしょう。

○　家庭学習の充実に向けて全教員が積極的に取り組む

まず注目したいのは、授業そのものというよりも、家庭学習の充実に向けた取り組みの多様さと、その徹底した指導のあり方です。

秋田県では、宿題だけでなく、子どもたちが主体的に取り組む自主学習を毎日行うように教師が奨励しています。特に、自主学習をこつこつと毎日行えるように、子どもたち一人ひとりが自主学習ノートを持っています。小学校では、年間にそれが5冊になるほど積極的に自主学習を行わせています。

内容は、漢字の書き取りや計算練習、ことわざ調べなど、基礎的なものが多いのですが、子どもたちが自分でその分量や領域を決定して取り組むようにしています。教師は、それについて、「やらせっぱなし」にならないように、毎日、児童生徒全員の宿題と家庭学習のノート点検を欠かさず行っているのです。また、多くの教員は、家庭学習の時間と内容を子どもに毎日記録させて、それについて教師がまたコメントを朱書きで返すという取り組みも積極的に行っています。

○ 考えて書く活動、発表する活動を設定している

次に注目すべき取り組みとして、「考えて書く活動」と「発表する活動」の設定をあげたいと思います。秋田県は、学力調査の問題Aだけでなく、問題Bにおいても全国の中で良好な結果を出しています。そのことは、授業において習得を図る活動のみならず、活用を図る学習活動を充実させていることを予感させます。つまり、児童生徒に考えさせる場面、考えを書かせる場面、そして考えを発表させる場面をしっかりと授業に組み入れているのではないかという予想をもって調査に臨みました。

そうすると、授業観察や学校及び教育委員会でのインタビューの結果、多くの授業において、秋田県では、自分の考えを文章にして書かせる指導と、自分の考えを前に出てきて発表させる機会を多くしていることがわかりました。例えば、しっかりと自分の考えを書かせる指導については、徹底して行っています。具体的には書く活動として、物語づくり、説明文づくり、学校行事の感想文、新聞記事の読後感想、問題解決の過程の記述、今月の取り組みのワークシート、読書感想文など、多種多様なジャンルについて、かなりの長文を書かせています。

そして、こうした書かせる指導の徹底を、小学校1年生から中学校3年生まで一貫して、全教育課程において行っていることが、秋田県の強みであるといえます。逆にいえば、他県では、中学校になると書く活動が教師の板書を写すことに限定されることが多いのですが、秋田県ではそうではなく、資料や教材を読んで自分の考えを書いたり、自分の思いや願いを書いたり、自分の決意を書いたりする機会が中学校になっても減少しな

いことが、学力調査の問題Bに代表される活用型学力において高い成果を出している要因になっているといえるでしょう。

○ **基礎的な学習の時間を保証している**

すでに述べたように、児童生徒の基礎的な学力の定着を図るために、家庭学習の充実が積極的に行われていることが秋田県の特徴です。さらに、具体的なあり方は学校によって異なりますが、秋田県では、朝学習以外に基礎的な学習を行う時間を特別に設定しています。

例えば、小学校では午前中の2時間目と3時間目の間にある休み時間（中休みや業間と呼ばれる）や5時間目が始まる前にも、基礎的なプリント学習を行う時間を設定したり、放課後のいわゆる学童保育の時間にしっかりとした指導員と教材を確保した基礎学習を行わせたりしています。中学校では、定期考査前1週間での放課後の補充指導や、長期休業期間中の特別講座の設定、土曜日の補充講座の設定などを充実させています。

このようにして、基礎的・基本的な知識及び技能の習得を図るための学習時間を、1日の時程の中にも、1週間の時間割の中にも、そして年間の行事予定の中にもしっかりと位置付けて、時間的保証を十分に行うとともに、そこでの指導を徹底して行うことで、基礎学力の向上に成果を上げているのです。

○ **ノート指導が充実している**

さらに、秋田県では、ノート指導も充実しています。ノートをしっかりと書かせる指導は、児童生徒の理解を整理させることや、自己の弱点を意識化させること、そして考え方や解き方の基本型をしっかりと認識させることにつながります。その意味で、学力向上に欠かせない指導のポイントです。しかし、全国的な状況では、教師の多忙化の中で、クラス全員のノート指導を行うゆとりがないのが実態でしょう。

また、ノート指導といえば、教師の板書をきれいに正確に写すことであると理解している地域も少なくありません。しかし秋田県においては、ノート指導で重視しているのは、「自分なりのわかり直し」としての学習内容の修正、再構成、再整理を含むノートづくりです。言い換えれば、「子どもたちが自分で編集した学習事典」とでもいえるようなしっかりしたノートをつくらせていることが特徴です。

さらにこれについても、家庭学習に関する指導のあり方と同様にして、秋田県では、子どもたちのノートに教師が朱書きを入れて、よいノートづくりのあり方を個別に丁寧に指導していきます。また、教室の後ろに模範的なノートを掲示して、理想的なノートづくりの方法をクラスで共有化することも多いのです。こうしたノート指導の充実が、児童生徒の自己学習力を育み、自分で学習内容を理解し、習得しようという自律性や積極的な学習意欲を生み出しているといえます。そのことが、児童生徒の学力向上に結果として良い効果を及ぼしているのです。

◯ 体育、体力向上にも熱心に取り組んでいる

秋田県は、周知のとおり、文部科学省が実施する学力調査だけでなく、体力調査の結果でも全国トップレベルの結果を出しています。実際の体力向上の取り組みについて見てみると、基礎的な学習の時間の保証と同じように、秋田県では、小学校においては中休みの活用で基礎的な体力向上の活動を計画的に行ったり、地域主催の体育行事に子どもを参加させたりしています。また、中学校では、運動系の部活指導に積極的に取り組んでいます。

このようなことから、秋田県では、児童生徒の体力向上に大変積極的に取り組んでいることがわかりました。そのことが、学力向上にどのような心理的・身体的な影響を及ぼしているかについて因果関係の説明をすることはここではできません。しかし、学校訪問を通して感じたことは、教師たちが児童生徒の学力についても、体力についても、そして道徳性においても、つまり何事についても大変積極的な指導を行っているということ

です。そのような教師の指導にかける熱心さやまじめさが、子どもに良い影響を与えていることは間違いありません。つまり、「先生は、ぼくたち私たちに何でも一生懸命に教えてくれる」という実感が、子どもたちの学習への真剣さと意欲につながっているのでしょう。

○ **教材や教具を工夫したり、自主的に開発したりすることに積極的である**

児童生徒の学力向上には、各教科の特性を生かした教材研究が不可欠です。その際に、児童生徒の興味関心や既有知識、そして学習ニーズに応じた教材を独自に開発できるかどうかが、きめ細かい指導につながり、結果的に学力向上につながるといえます。

一方で、興味深いことに秋田県は、市販のドリル教材の購入についても全国トップレベルだそうです。そのような市販教材を用いた反復学習を行う一方で、各教科での独自教材の開発にも大変積極的なのです。

○ **ミニテストでできるまでやり抜かせる指導をしている**

そして最後に紹介したいのが、ミニテストや単元テストでの到達度のチェックと、100点が取れるまで何度もチャレンジさせる指導の徹底も特徴的であることがわかりました。つまり、秋田県では、定期考査や県独自の学力調査で児童生徒の学力の到達状況をチェックし、その結果に基づいて授業改善をするだけでなく、ミニテストや単元テスト、さらにはチャレンジテストと称する校内の実力テストなどで、よりきめ細かい実態把握の機会を設定しています。

さらに興味深いことは、そうした多様な学力把握の機会を設定するだけでなく、テストで求められる知識・技能を100%習得するまで何度でも復習させて、テストを受けさせるという指導の徹底をしていることです。つまり、宿題でも自主学習でもノートづくりでも、大切なことは「最後までやり抜かせる」という指導原則ですが、そのことを秋田県の教師は、全員が徹底して守り抜いているそうです。こうしたミニテストや単元テスト自体は、どの都道府県でもやっていることでしょう。しかし、秋田県のように、全員の児童生徒が100点を取るまで何度でもテストを受け直させるという徹底した指導を、校内の教師全員が温度差なく全県レベルで行えているところは多くはないでしょう。

そうした、「徹底ぶり」と「教員間の温度差なし」という点が、秋田県の特徴なのです。

4 学力向上の取り組みの全体的な特徴

以上をまとめると、秋田県の学校に見られる共通の特徴は、管理職と教員の協力的関係の下で、落ち着いた素直な子どもたちに対して、教員全員が共通理解をもち、一つひとつの指導を効果が上がるまで徹底的に熱意をもってやり抜くことにより、学力向上の成果を上げているということです。

言い換えれば、秋田県では他の都道府県ではやっていない独自な指導方法を多く実践しているということはなく、どこでもやっている教育方法を、校内の教員が全員で徹底してやり抜くことで成果を上げているといえるのです。そのことは、秋田県の教育関係者や教員が、「当たり前のことをやっているだけ」という表現を常用していることに表れています。

ただし、この「当たり前」という表現には、独自の指導方法を実践しているわけではないという意味においては事実と合っていますが、授業の空きコマでノートへの朱書き指導をしたり、毎年研究授業を引き受けたり、校外での教員研修会に参加したりという、指導時間の量や研修機会の頻度においては、他の都道府県の教員の平均を大きく超えているという意味で、必ずしも「当たり前」とはいえないでしょう。

【参考文献】
平成22年度文部科学省委託研究『学力調査を活用した専門的な課題分析に関する調査研究』における調査研究テーマ「全国学力・学習状況調査において比較的良好な結果を示した教育委員会・学校等における教育施策・教育指導等の特徴に関する調査研究」の研究成果報告書（研究代表者・早稲田大学大学院教職研究科　田中博之　2012年3月31日）

VII

学力アップの成果を上げた実力校の「石の上にも３年」の法則

中間発表会で相互評価する

私は、前章で紹介した文部科学省の委託研究に続けて、再度２０１４年にも委託を受けて、学力向上に成功した学校の特徴を明らかにする研究に取り組みました。

本章では、その委託研究において全国学力・学習状況調査の結果の統計分析に基づいて選定した学校へのきめ細かい実地調査を通して、学校課題の解決において良好な成果を上げている学校で実施されている優れた指導方法を明らかにしたので、その成果を紹介します。

学校の選定にあたっては、悉皆調査で行われたすべての年度の全国学力・学習状況調査の結果を用いるとともに、そこで上がってきた学校から学力向上に成果を上げてきた特色ある学校を絞り込むために、それぞれの都道府県・市区町村レベルの教育委員会に依頼して、課題の大きな地域にありながらも高い成果を上げている学校を分析対象にすることができるようにしました。

なお、学校訪問に際して、インタビューする内容を次のような11観点にしました。

【学校訪問調査における観点】

(1) 全校レベルの取り組み

(2) 教科指導

(3) 生徒指導・学級経営

(4) 総合的な学習の時間・道徳・特別活動

(5) 家庭学習のあり方・保護者連携

(6) 地域との連携

(7) 幼小連携、小中連携、中高連携

(8) 低学力層の底上げ・無解答の減少

(9) 児童生徒の関心・意欲の向上
(10) 校内研修
(11) その他の特色ある取り組み

1 並行読書で学力アップ！

この学校は、全国的にみて近年大変優れた学力向上の成果を上げている小学校の1校として選定した学校です。

当校は、国語科の研究に長年取り組んできたものの、読解力に課題を抱えていました。そこで子どもたちの読解力を高め、学んだことを伝える力を育成しようと、図書館教育に学校全体で取り組んできました。その功績が認められ、平成24年度に文部科学大臣賞を受賞しました。平成26年度には読売教育賞「国語教育部門」最優秀賞を受賞しています。当校の学力実態はここ数年全国でもトップレベルを誇っています。

(1) 授業参観を通した授業の特色

授業参観全体を通して印象的だったのは次の三つです。

まず、本時のねらいが明確に示されていることです。ねらいを赤い枠で囲むよう全クラスで統一しています。

次に、授業規律がしっかりとしていることです。発表する側も発表を聞く側も発言のマナーと規律がしっかりしており、発表しやすい雰囲気がつくられています。最後に、学んだことを相手に伝えることを重視していることです。本時のねらいを達成するための発表であることが子どもたちに明確になっています。

これらの指導上のポイントに関わって、具体的には授業中の規律の徹底のために、例えば「足ピタ」や「しせい」について子どもたち自らが意識化して自覚的に取り組めるような掲示の工夫をしていました（写真1）。また、子ども同士のコミュニケーションを活性化するために話型とともにハンドサインを掲示したり（写真2）、ふわふわ言葉を使うように促したりしています（写真3）。学校生活全体の規律維持に関わっては、教室内の整理整頓が第一に大切ですが、当校ではどの教室でもランドセルがきれいに棚に置いてあり、子どもたちの整理習慣がしっかりと根付いている様子が伺えました（写真4）。

さらに、「ひびき合い名人表」という授業で使える話型を可視化して掲示し、わかりやすい発表や話し合いができるよう工夫しています（写真5）。最後に、クラス内で認め合いのある授業が成立するように、友だちのよいところをカードに書いて掲示するコーナーをどの教室にも設置しています（写真6）。

(2) 年間計画に基づく全校一体の図書館教育・読書活動の取り組み

当校の図書館教育は、図書室の整備から、貸出システムのコンピュータ化、読書運動の推進、そして教科学習での図書利用に至る、実に多様で効果的な取り組みを全校体制で積極的に推進しています（写真7・8）。

まず、担任によってばらつきが出ないようにするため、ある程度の全校レベルでの指導基準を示して図書館教育の年間計画を各学年で立てています。低学年は読書の「すりこみ期」、中学年は絵本からさらに字数の多い本への「移行期」、高学年は文学への入り口の「チャレンジ期」としています。

次に、並行読書の取り組みが大変充実しています。例えば、並行読書のためのリストを作成したり、図書館に単元ごとに関連する図書を集めた並行読書専用の棚を設置したりしています（写真9・10）。

写真１

写真２

写真３

写真４

写真５

写真６

写真７

写真８

写真９

写真10

並行読書については、どの教室にも並行読書で読んでほしい図書をコーナーにして開架しています。国語科のみならず、平成25年度からは国語科以外でも生活科や家庭科、社会科などで並行読書を充実させています。このことが、読む力だけでなく、要約したり感想を書いたりすることを通して考えて書く力が育っている要因になっています。

並行読書においては、少人数クラスのよさを生かして、一人ひとりが利用している図書が異なっていることが特色です。自分が読みたい本やわかりやすい本を選べることが、子どもたちの学習意欲を高めているということです（写真11）。また、並行読書が充実することによって、例えば理科などの「調べて考えて発表する」授業において、いわゆるＰＩＳＡ型読解力や活用型学力を育てることを可能とす

写真11

写真12

写真13

写真14

る多様な資料活用による学習が行えるようになっているのです。参観させていただいた6年生の理科の授業では、地層と地震をテーマとして、図書館で学習を行っていました。そこでは子どもたちが、教科書だけでなく、理科の資料集や理科事典、小学生新聞などを組み合わせて活用して、調べてわかったことや考えたことをわかりやすくノートに整理して書いていました（写真12・13）。

さらに、全校読書・集団読書を活性化するために、「全校読書の日」を毎週木曜日の朝に実施したり、前日机の上に本を用意して帰るようにしたりしています。平成24年度からは、「集団読書の日」を、水曜日の朝、月に1～2回実施しています。読んだ本については、読後に感想文を書いて交流を行うようにしています（写真14）。

写真15

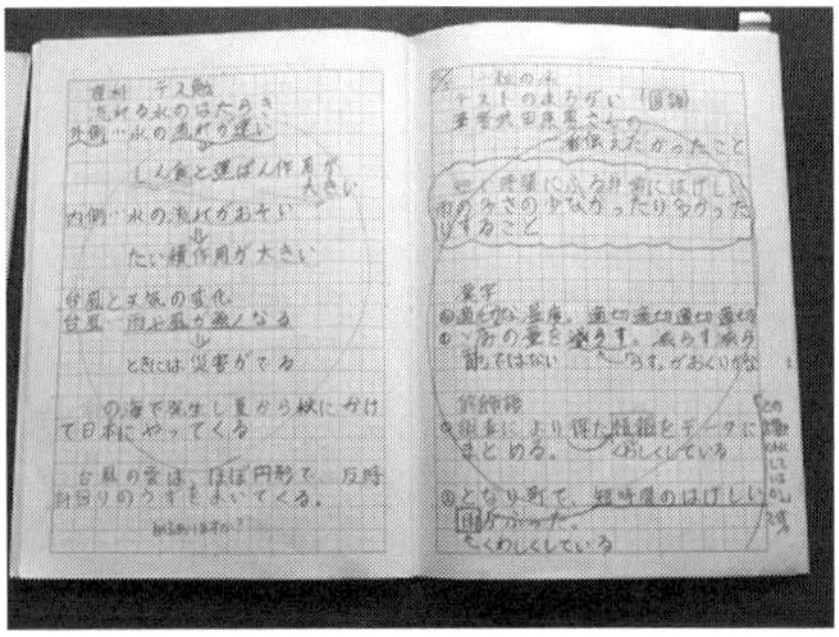

写真16

読書の質を高めるために、毎学期、読書カルテを書かせるとともに、それを用いて学級担任と読書相談を定期的に行っていました。子どもたちは、自分の読書を振り返ることができ、一方、学級担任は読書相談をすることで良書を選んで子どもの読書の幅を広げるように指導しています。

また、入学時に一人一冊ファイルを配布し、それを読書ファイルとして活用させ、子どもたちが自分の読書の記録を蓄積できるようにしています。それと関連して、教室には、はがきサイズの読書カードを差し込んでおくポケット式の掲示コーナーがありました。こうした一人ひとりがつけている読書に関する資料を保存し、卒業時には宝物となるようにしているのです。

こうした豊かな図書館教育と読書活動の推進は全教員が担当しています。例えば、学級担任による読み聞かせを行ったり、教員のお薦め本を校内に設置したり、図書の廃棄や図書館の整備までもすべて行っています。

(3) 家庭学習のあり方・保護者連携

当校の家庭学習は、まず秋田県の家庭学習を参考にした自主学習ノートが担っています。自主学習ノートには、毎日見開き1ページに自分で学びたいことを勉強してくるようにしていました（写真15・16）。

次に、ＰＴＡの協力による家族読書の推進や、母親委員会の呼びかけによるノーテレビデーとノーゲームデーの取り組みを行っています。また、読書活動との関わりでは、保護者と地域住民による読み聞かせを実施し、平成26年度の保護者の参加は90％以上であったそうです。日曜参観では、父親による読み聞かせも行っています。

このようにして、当校では豊かな家庭学習が成立するように様々な取り組みを実施していました。

⑷　地域との連携

地域の協力も多様に得られています。例えば、地域住民の手作りの書架や個人賞メダル作り、地域の図書館司書との連携をしています。

⑸　保小連携

保小連携については、読み聞かせ等による交流を行ったり、保小間での児童に関する情報交換・共有を行ったりしています。

⑹　低学力層の底上げ・無解答の減少

まず、児童すべてが、学習がわかり楽しいと感じられるよう、ＵＤ（ユニバーサル・デザイン）や個に応じた支援のあり方を工夫しています。当校は特別な支援を要する児童が多いため、学校長や教頭、教務主任を含めた全校体制で特別な支援を要する児童を支えています。

具体的には、少人数学級の中でさらに習熟度別指導を導入し、じっくりコースとチャレンジコースを設定した算数科指導を行っています。また、全校児童67名に対し３名の特別支援教育のための支援員が配置されているため、豊かなＴＴ指導が行えるよう条件整備も充実しています。宿題については、「全員に満点を」という標語をもとに、児童ができる自信がついた状態で出すように教員全体が心がけているということでした。

最後に、活用型学力の育成と学力調査における無答率の減少のために、学力調査のこれまでの問題Bを解かせて、考えて書くことに抵抗感をもたないように工夫しています。考えて書くことと関連しては、どの子にも書く力を付けるため、当校では定期的に新聞の記事を一つ選んで、内容の要約をしたり自分の考えを述べたりしています（写真17）。また、毎週の日記指導の中で新しい語彙を使いながら考えて書く力を育てています。

(7) 児童の関心・意欲の向上

最後に、子どもたちの学習意欲の向上のために、次のような特色ある取り組みを行っています。

一つには、ＩＣＴ利用です。図書館教育を積極的に進めながら、その一方でデジタル機器の活用にも積極的に取り組んでいます。特に、大型液晶テレビが図書館と全教室に設置されていて、視聴覚教材の提示や子どもたちの発表活動でよく使われています（写真18）。

二つには、学校長（当時）による子ども表彰「よさや得意を伸ばす名人賞」です。地域の名産品である木を使って地域の人に作ってもらった円形の板に、学校長がほめほめ言葉を書いて各教室や校長室前の廊下に定期的に掲示して表彰しています。賞の種類は、「あいさつ」「歌」「百人一首」「自主学習」「責任感」「歌の表情」「努力」などと多様であり、すべての子を多面的に見て肯定的に評価することを通して、一人ひとりの子どもの自尊感情を高め、何事にも意欲的に取り組めるように工夫しているそうです（写真19）。

さらに、すべての子どもに、学期ごとに「〇学期のめあて」を書かせて掲示しています（写真20）。もちろんこの取り組み自体は新しいものではありませんが、書いている観点の豊かさと決意の強さにあふれた自己宣言になっているところが素晴らしいと感じました。子どもたちの学習や生活に臨む姿勢の高さを感じることが

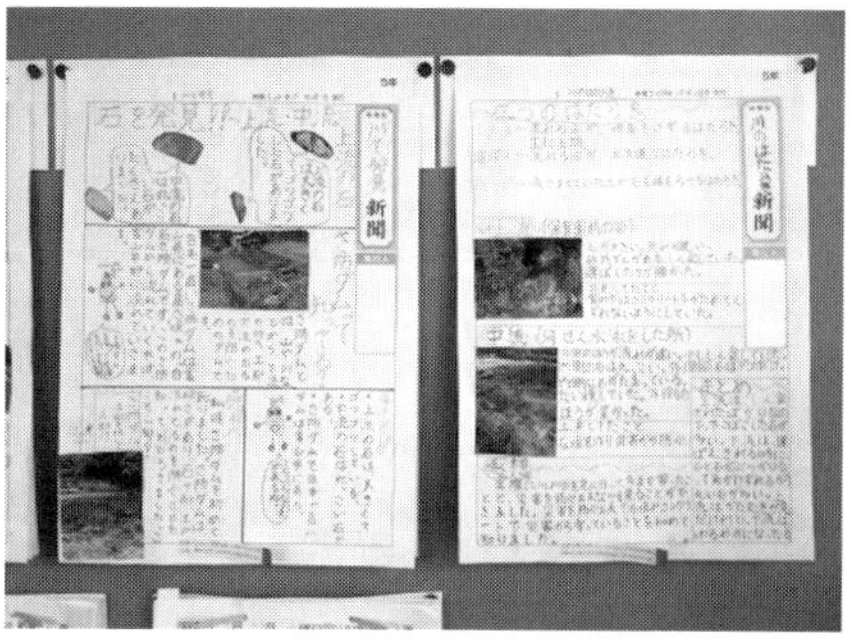
写真17

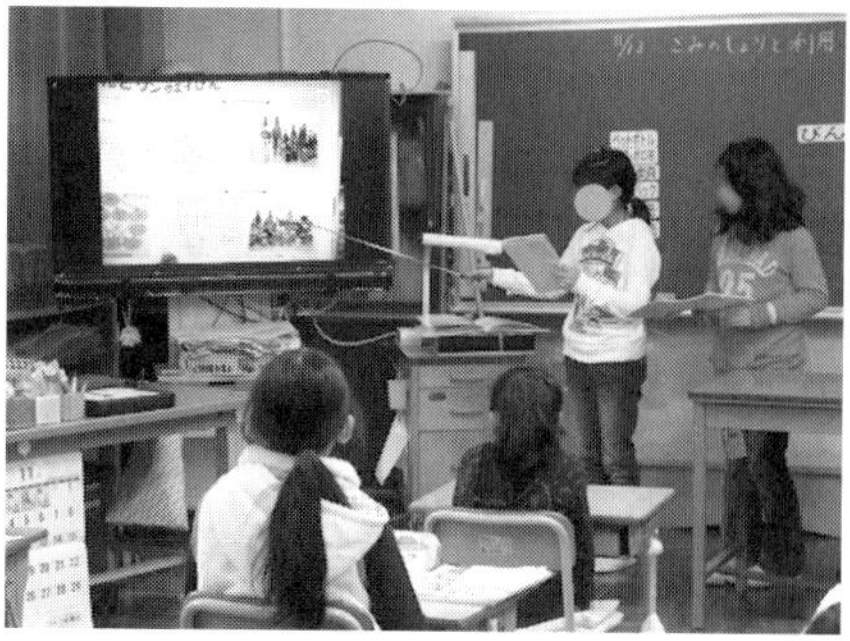
写真18

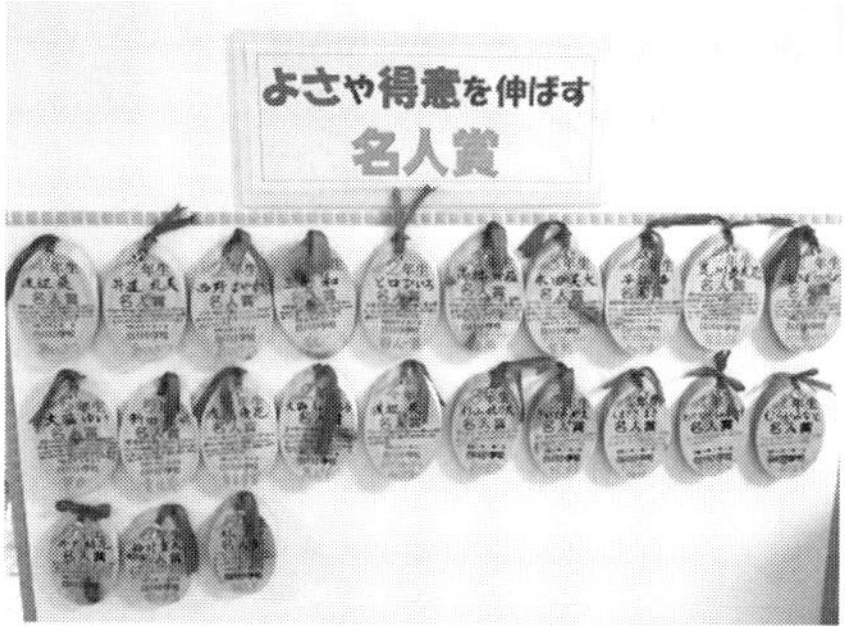

写真19

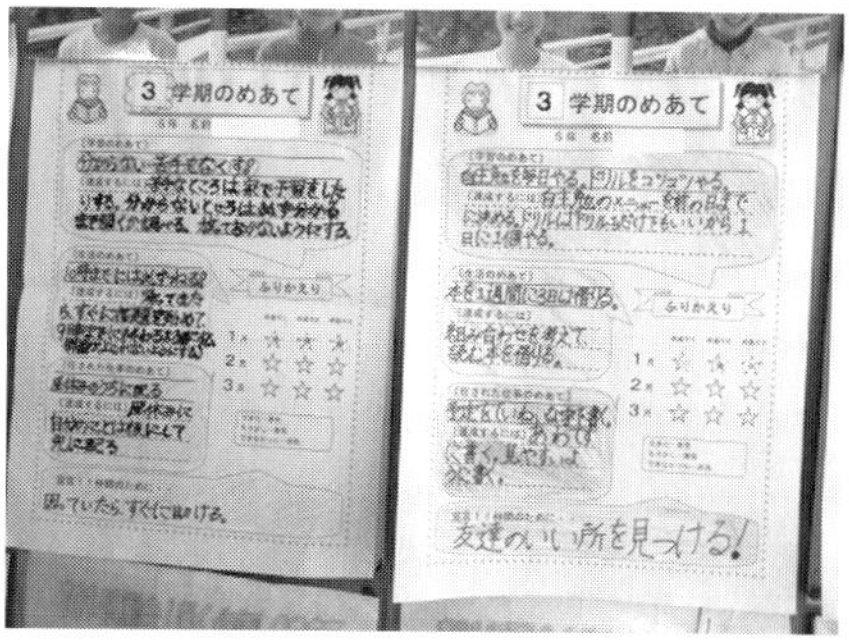

写真20

できました。

最後に紹介したいのは、授業における「問い合い」の場面の設定です。三人一組になり、その時間に学んだことをQ&A形式で問い合うのです。答えがわかっているものでも構わないそうです。大切なことは、楽しいクイズ合戦のようにしながら、授業で学んだことについて問い合うことで、学習内容の定着を図るとともに、友だち同士で協力して教え合うことで、協力する力やコミュニケーション活動の自信を高めようとしているのです。

(8) 総括的考察

以上のような実に多様な取り組みを複合的に実施することで、当校は、全国学力・学習状況調査の結果において全国でもトップレベルを誇っています。しかもそれを、この3年程度の間に劇的なスピードで実現してきたのです。

また当校では、学校長のリーダーシップの下、教職員が一丸となって日々の教育活動に取り組んでいます。特色としては、図書館教育を重視している学校であり、担任との読書相談や、単元を貫く「並行読書」、本の紹介活動などを通し豊かな自己表現を行う児童の育成を行っています。児童は学習意欲が高く、授業にも積極的に取り組んでいました。教職員のUDを意識した授業づくりや日々の指導改善が、落ち着いた学習環境づくりを可能にしているのです。

活用型の授業の実践についても積極的であり、特に国語科においては活用単元をもらさず実施し、例えばパンフレット作りやレポート作りなどの長文を必要とする作品制作にも積極的に取り組んでいます。そしてその成果を図書館の入り口に設置した学習資料コーナーに保管し、下学年の児童が参考にできるようにしています。こうした教科書を基盤とした地道な書く活動の取り組みが、当校の問題Bの成果に明らかに表れているといえるでしょう。

加えて、外部との連携が強固なのです。家庭・地域と連携し、家庭学習習慣の確立や多様な教育活動を行っています。また保育園や中学校と連携し、一人ひとりの子どもの情報交換や移行支援にも積極的です。

さらに注目すべき点は、高い成果を上げている当校においても、学校評価委員会を核にした評価計画の推進と結果の公表を行っており、R－PDCAサイクルによって月ごとに教育活動の改善を行っている点です。こうした教職員のたゆまぬ努力が質の高い教育活動を生み出しているのです。

また、年度末に行う学習発表会の教育効果について言及しておきたいと思います。当校では、20年ほど前から地域の600人ほど収容できるホールを借りて、各学年でテーマを決めてそれまでの教科学習や総合的な学習の時間に学んだことから一つを選び、シナリオを新たに書き起こしてマイクを使わずに大きな声で発表するのだそうです。こうした大きな舞台発表を経験することで発表に自信が付き、笑顔でできるようになるのだそうです。児童の授業中の発表の声が大きく堂々としているのには、こうした伝統的な学校行事での地域に向けた発表活動があったのです。

当校は、小規模校であることから、教員の異動サイクルが短い中で、学級担任の力の影響が強いため、研究授業を通して全教員で協力して授業力や学級経営力の向上に真剣に取り組んでいます。

このように、学校長のリーダーシップの下、学校・保護者・地域・異校種の連携、日々の指導改善が児童の学力向上に大きな成果をもたらしていることがわかりました。子どもたちの素直さと全教員の学力向上に取り組む誠実さが心に残る学校でした。

2 小中連携による家庭学習の充実で学力アップ！

この中学校は、豊かな人間性を持った心身ともにたくましい生徒の育成を教育目標に掲げています。学級数は、特別支援学級を含めて25学級であり、やや大規模の中学校です。Ｆ市のベッドタウンとして、30年ほど前に宅地開発された比較的落ち着いた地域であり、家庭の協力が得やすいそうです。また、地域との教育的連携が取りやすく、地域が学校の教育活動を多面的に支援しています。近隣の小学校３校と平成21年度にコミュニティ・スクールを構成しています。比較的、転入生や転校生が多く、市内では文教地区です。

当校では、以下の三つの教育目標を掲げて、教育活動を行っています。

・知　創造　わかる授業の創造、個に応じた指導の充実、家庭学習の充実

・徳　友愛　道徳の時間の充実、生き方につながるキャリア教育、地域への貢献活動
・体　剛健　弁当の日による食育、体力・運動技能の向上、積極的生徒指導
学力の実態は、県内でトップクラスの結果を安定的に出しています。

(1)　全校レベルの取り組み

まず、全校レベルでの取り組みを見てみましょう。
当校では、次のような四つの視点に基づき、全教職員で徹底して取り組んでいます。

①授業改善

・学習規律5カ条（チャイム席、道具、挨拶、後ろの棚、床のゴミ・黒板の清掃・机の並び）

②家庭学習の充実

③週テストによる基礎基本の定着（金曜日に4日分の朝学習の内容を範囲とした週テストを実施）

・週テストは生徒による相互採点、年間実施計画を作成
・放課後に再テストも実施している。
・週テストは、10分で実施、5分で採点

④セーフティーネットの構築

・学力の二極化の解消を目指す（年間3～4回の実力テストにより課題のある生徒をリストアップし対策を書く）。
・授業における意識的指導に生かす。
・図書館見守りボランティア（放課後週2回火と木に、保護者による見守り。宿題や自学ノートの作成も

させている。）

・大学生ボランティアによって、課題の大きな生徒に週1回金曜日に既習事項の学び直し（数学と英語）を1年生で実施している。

このようにして、学校の平均点は高いが、下位層の生徒は必ずいるため、学力に課題のある生徒へのきめ細かな指導を丁寧に実施しています。

(2) 家庭学習の充実

では上記の中から、家庭学習の充実について具体的に見てみましょう。

まず、自学ノートを中学校区内の小学校と連携して小学校4年生から実施しています。年間2回自学ノートの展示会（各学校の廊下に）を小中合同で、10月と2月に開いています（写真1）。また、優れた自学ノートは、各教室にも掲示して生徒の意識化を促しています（写真2）。また、自学ノートができていない生徒には、昼休みに教師が監督となり自学をさせているそうです。

一方、保護者にも、生徒のコメントを確認して押印をするなどを通して、自学の支援をしてもらっています。

さらに、定期考査前には、家庭学習の計画表を作らせて一年間分を束ねさせています。こうした家庭学習の充実のための取り組みは、長期休業期間中にも行っているとのことです。

(3) 低学力層の底上げ・無解答の減少・児童生徒の関心・意欲の向上

まず、低学力層の生徒へは、金曜塾と呼ばれる個別指導によって意欲向上に寄与しています。また、図書館を放課後に開放し、保護者が当番で見守るシステムをとることで、宿題を終えていない生徒や自学ノートを終

写真１

写真２

えていない生徒などが来て、課題を仕上げていくことが多いそうです。これらによって、低学力層の生徒の学力の引き上げに努めています。

(4) 校内研修

当校では、全教員が以下の二つの研究部会に所属する体制をとり、研究組織の活性化のために研究授業を一人ずつそれぞれ1回実施するようにしています。つまり、中学校に見られる学年と教科の壁を越えて、協働的な授業研究ができるように配慮しているのです。

・縦　教科部（学年を超えて研究し言語活動の充実や教科特性に応じた授業づくりをテーマに）後期

・横　学年部（教科を超えて学習規律や交流学習、基礎基本の定着などをテーマに）前期

(5) その他の特色ある取り組み

当校には、保護者と地域が参加する応援団組織があり、環境整備の支援や学校行事の支援、ゲストティーチャーとして生徒の学習活動への支援などを行っています。

また、特に小中連携プログラムの計画的実施と評価改善を通して、小中連携の活性化を行っています。学校評価システムの機能を充実させ、その中で

四者（保護者、生徒、教師、地域）による質問紙調査を用いた生徒の学習場面や生活場面の評価を行い、学習習慣や生活習慣の改善に生かしています。一方、教師と保護者は自己評価を行い、それぞれ授業と家庭教育の改善に努めています。

最近、部活動単位で地域貢献活動を行う、「生徒部伍会」を発足させました。そのねらいは、生徒によるより積極的なボランティア組織をつくることを通して、貢献活動の定着や地域への愛着の醸成など、地域の教育力で生徒を育てるようにしています。具体的な活動としては、地域の清掃活動や地域主催の行事での販売補助などです。この部伍会を発足させてからは、生徒のボランティア活動の態度がとても積極的になったそうです。例えば、生徒自らがボランティア活動の提案をするようになるなど、効果を上げています。

最後に、生徒の我慢強さや基礎体力、そして集中力を育てるために、学校から往復40キロを4時間で歩く、保護者実施による「かち歩き」を行っています。

(6) 総括的な取り組みについての考察

当校を訪問してまず印象に残ったことは、校内の全教員で行う組織的な取り組みが多いということです。学習成果の掲示・可視化による共有化の手だても（写真３・４）、学習規律の徹底も（写真５・６）、そして朝学習やミニテスト、自学ノートなどこつこつ粘り強く学ぶ方法についても（写真７・８）、あらゆる面で全校の統一的な方法が決められていて、すべての教員が一貫した共通の方法で生徒を指導しています。そのために、取り組みの成果が上がりやすいのでしょう。

ただし、こうした取り組みの共通化は、決して本校が落ち着いた地域環境にあるから始められたのではないことに注目したいのです。確かに当校は、文教地区と呼べる地域にあります。しかしそれは落ち着いた環境に

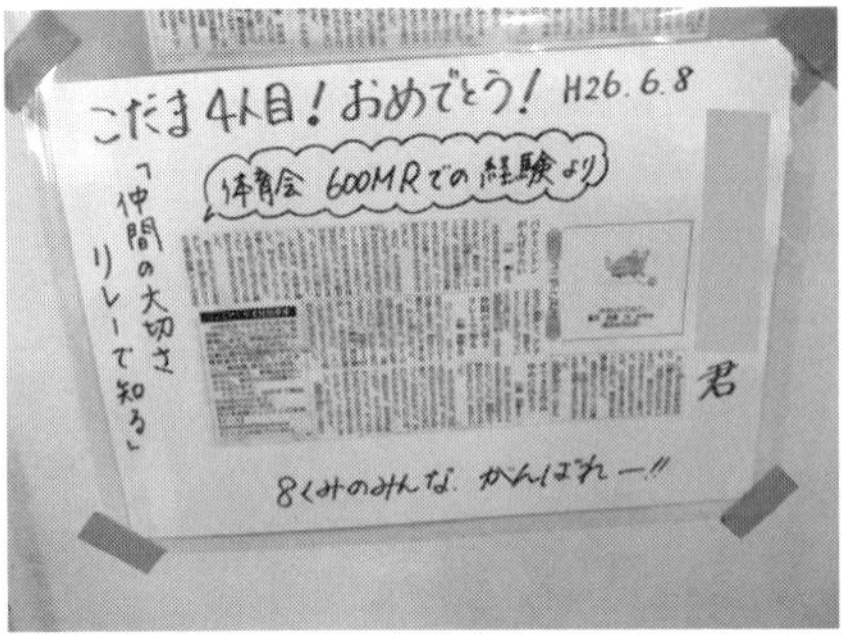

写真３

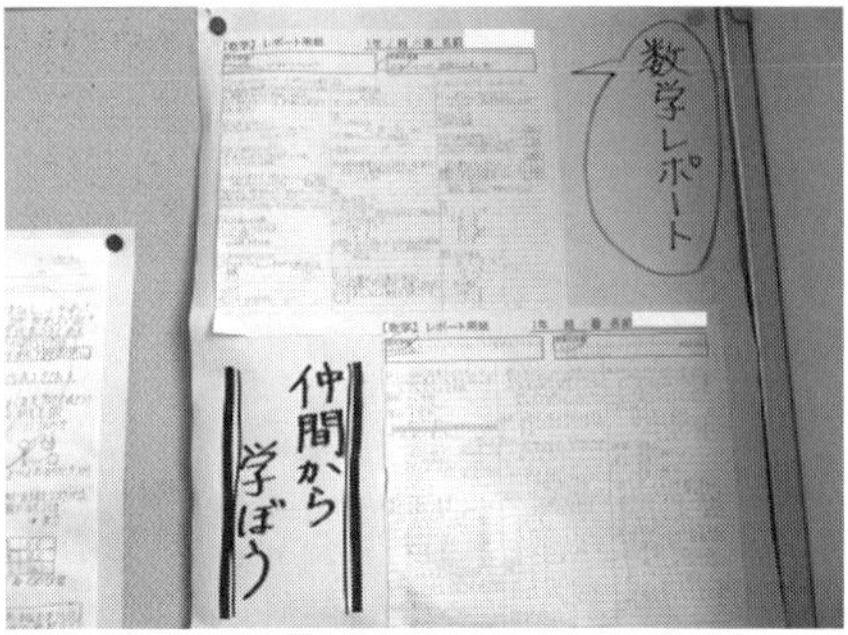

写真４

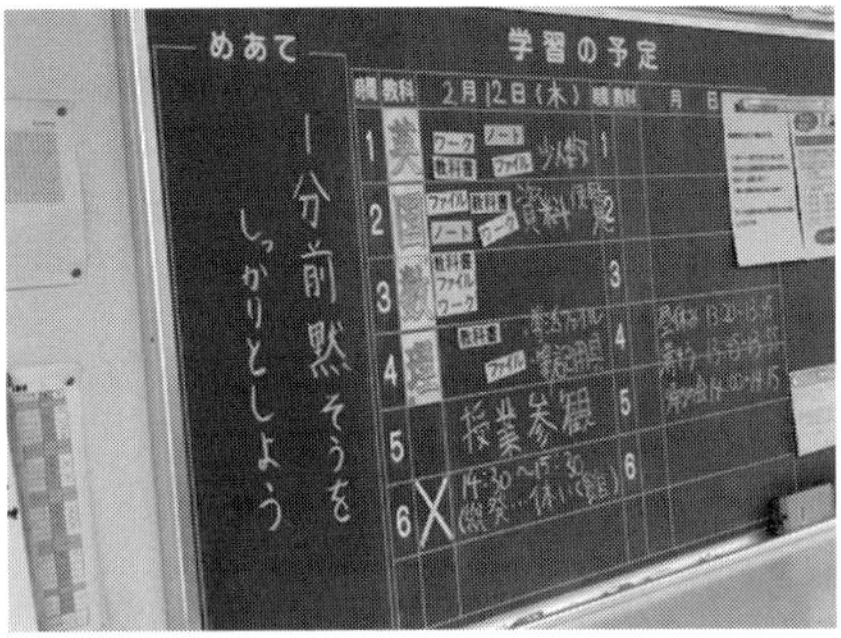

写真５

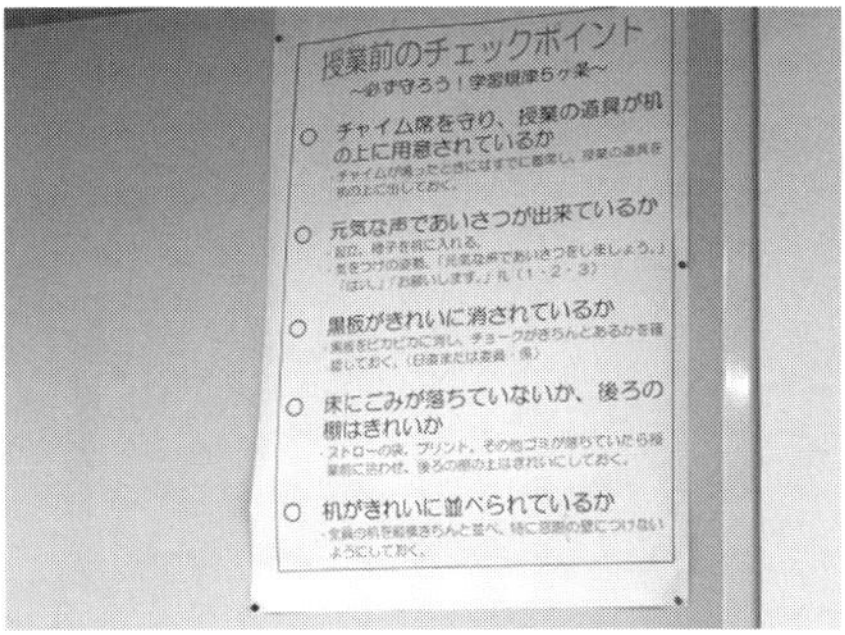

写真６

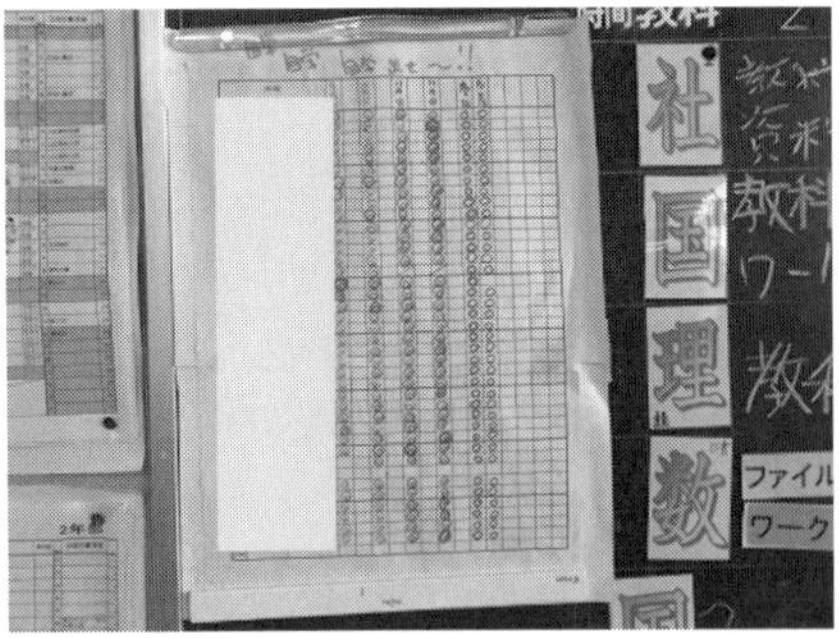

写真７

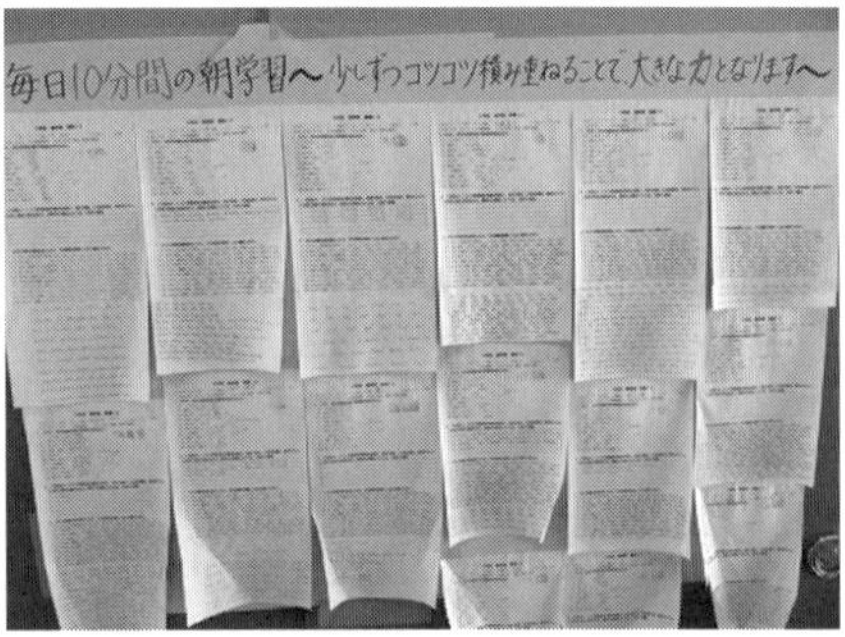

写真８

あるというだけで、特に高級住宅街にあるというほどではありません。ほとんどその逆にといえるほど、現在では、生徒の学力の二極化が急速に進んでいることや不登校の出現率が3年生の後半になるほど増えていることが課題意識となって始められた取り組みが多いということです。つまり、学力不振と不登校が一致する傾向があり、不登校の出現率の低下を目指し、1年生の時から学力の二極化を解消することをねらいとして、低学力層を対象とした多様な取り組みを充実したのです。

しかも近年の教員の若年化と講師の増加により、当校でも若い講師が校内の教員の5分の1を占めるまでになっており、教師の授業力と学級経営力の向上が急務となっています。

したがって、当校は、比較的落ち着いた地域にあるとはいえ、急速に広がってきた課題の解決をねらいとして、多様な学力向上策を実践し、かつ校内研究システムを動かすという多大な努力をしながら、県内での高い学力の位置を維持しているといえるでしょう。

そのために、学校経営を担うリーダーシップのある学校長と取り組みの実践力が高い教頭が協力することで、学力向上に向けて学校を組織として動かすことに成功しているといえます。

学校長の教訓は、「平均値だけで安心したり油断したりする教師にならないように！」ということであり、低学力層に焦点を当てた教育に力を入れていることがわかりました。また、「地域が生徒を育てる」を信条として、学校にしかできないところと、学校ではできないところを区別して地域や家庭と連携した取り組みを充実させています。

今後の教育ビジョンとしては、平成27年度から、一人ひとりの生徒に自己学力向上プランを立てさせる予定であること、そして授業における活用型学力やアウトプット学力の育成を目指したいとのことでした。

全教員が一丸となって積極的に多様な取り組みを実施している元気な学校です。これからも、公立中学校の優れたモデル校として、当校の新しい実践のチャレンジに多くを学びたいと思います。

3 放課後学習による補充的な取り組みと自学ノートの習慣化で学力アップ！

当校では、「人間力を育成するコミュニティ・スクールの創造」を教育目標として掲げ、生徒の学力だけでなく、体力、社会関係力、未来志向力などの総合的な人間力を育てることを学校の教育理念としています。そして、生徒の課題達成によるやる気の向上をすべての学習場面に適応し、脳科学の成果に基づいた教育を積極的に推進しています。

また地域性としては、当校は、F市のベッドタウンとして、45年ほど前から宅地開発されました。落ち着いた地域であり、保護者の学校への協力が強く、家庭学習の充実への協力が得られやすいようです。

(1) 全校レベルの取り組み

まず、放課後学習による補充的な取り組みが成果を上げています。具体的には、宿題をしてきていない生徒や特別な支援を要する生徒、勉強が遅れがちな生徒、週テストで不合格の生徒などを放課後に集めて、個別のサポート教員や大学生ボランティアが付いて、きめ細かな指導を行っています（写真1）。さらに、長期休暇中も補充学習のための支援ボランティアの大学生が来るシステムになっています。生徒全員を対象とした取り組みとしては、帰りの会の中で10分間の自習による補充学習をさせています。

このようにして、当校では生徒の基礎学力の向上のための教育課程外の取り組みが充実しています。

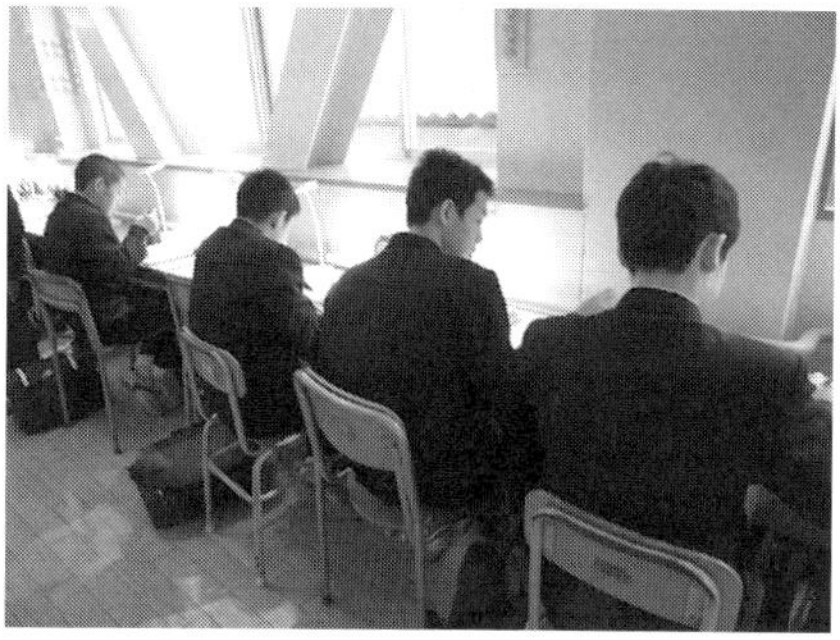
写真１

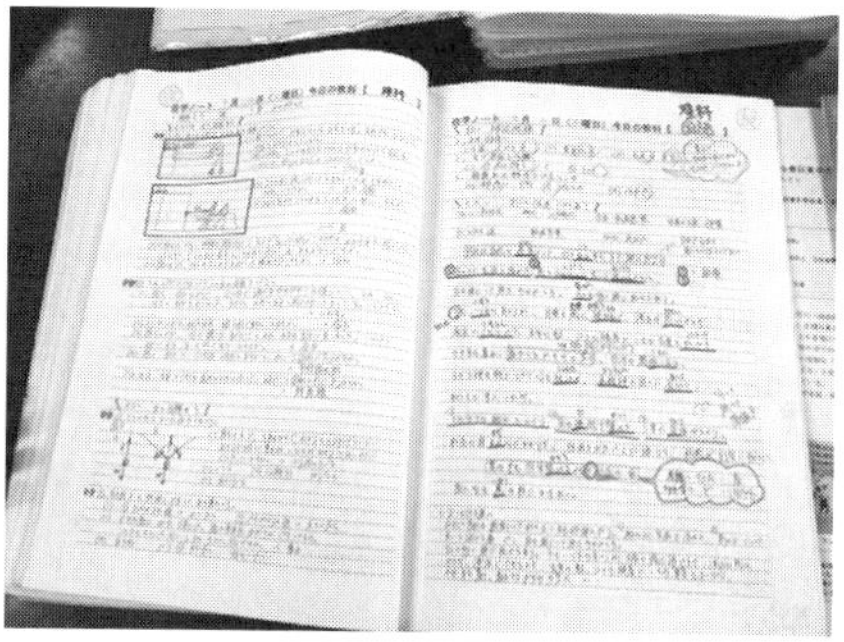
写真２

一方、自学ノートを1日1時間程度かけて作成させ、その中では、毎日学んだことを記録させたり、毎日家庭学習の記録をつけさせたり、さらには体力向上のための運動の記録もつけさせるようにしています（写真２）。こうした日々の学習記録は、学習委員が個票として集計し、学級単位でも集計することで、データに基づいて生徒の学習習慣や生活習慣の見直しができるようにしているそうです。

もう一つのユニークな取り組みとしては、朝学習においては、晴れた日はプリント学習や読書ではなく、ランニングを実施し、体を動かすことで脳を活性化し、1日の学習活動を充実して行えるようにしていることです。

(2) 教科指導

当校では、教科学習のことを課題達成学習と名付けて、目的→努力→達成→達成の喜び→次への動機付け、という流れを1時間で保証するようにしています。そのために、授業においてはグループワークを積極的に導入していて、生徒の学び合いによって達成の喜びを感じられるように工夫しています（写真３）。また、わかりやすい授業の工夫として、ＩＣＴを活用した授業も行われています（写真４）。

このことも、脳科学の研究知見に基づくもので、達成の喜びを感じることで脳が活性化し、次の学習への意欲が高まるということです。

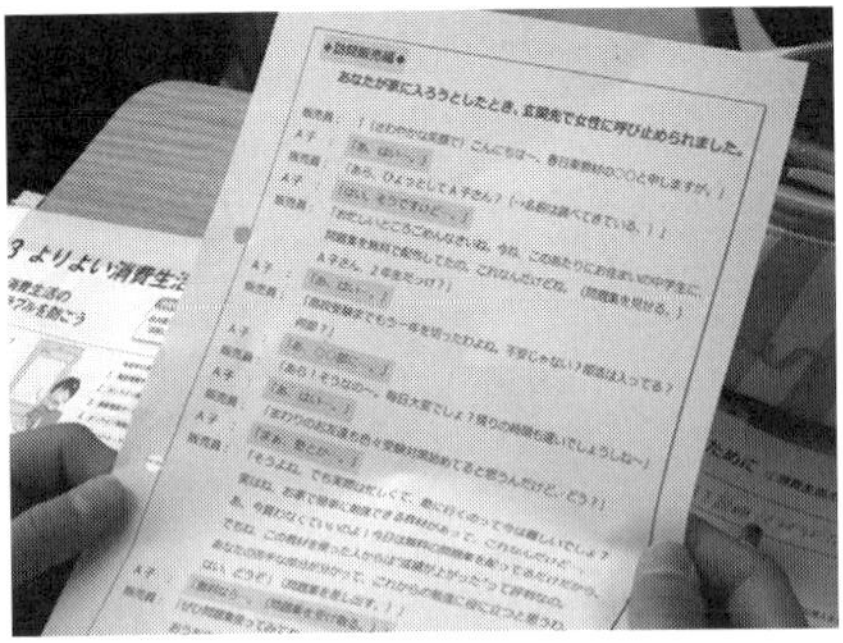

写真３

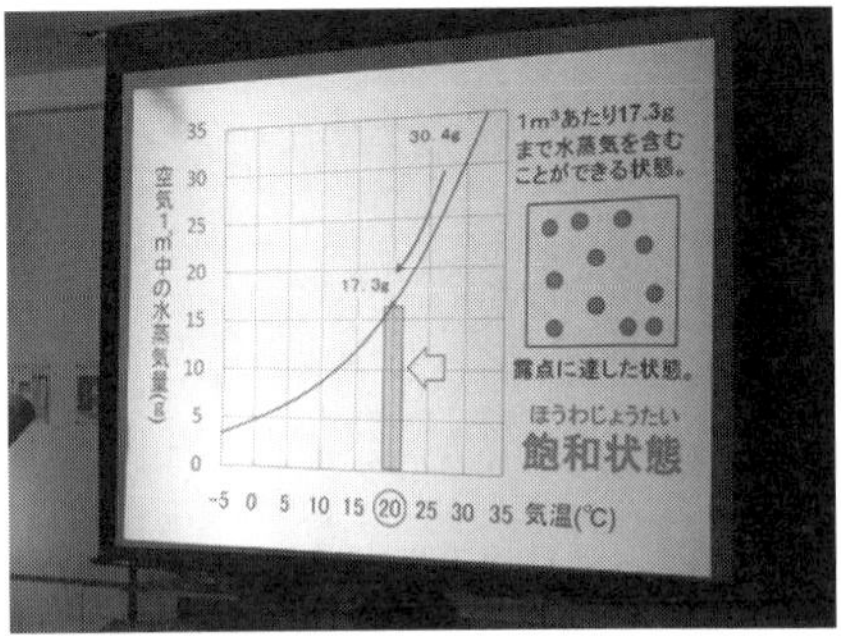

写真４

(3) 家庭学習のあり方・保護者連携

当校の取り組みでもう一つ大きな特色となっているのは、家庭学習の充実です。例えば、家庭学習ノート（自学ノート）の点検を保護者に依頼したり、家庭の教育力パワーアップ宣言を親子で作らせ、目標の設定と達成、評価を行わせたりしています。また、家庭学習時間を調査して、学級担任に返しています。

このようにして、生徒の家庭学習の習慣化をねらいとした指導が充実しています。こうした日々の取り組みによって、優れた内容をもつしっかりとした自学ノートを完成できるようになり、当校の学力向上に大いに寄与しているのです。

(4) 低学力層の底上げ・無解答の減少

特に理科や社会科等で課題達成学習をしているときに、学習内容をアウトプットするための行動目標を設定して、考えて書いて発表する活動（学習内容のまとめ）を積極的に行っています。生徒に毎時のまとめを書かせて、それを教師がチェックするようにしています。これにより、書くことに対する抵抗感や苦手感をなくそうとしているのです。

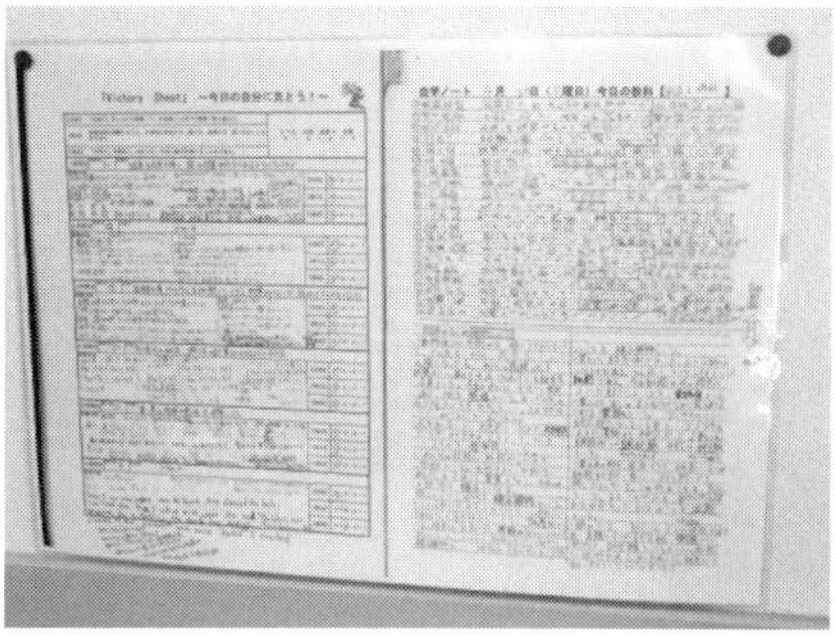
写真５

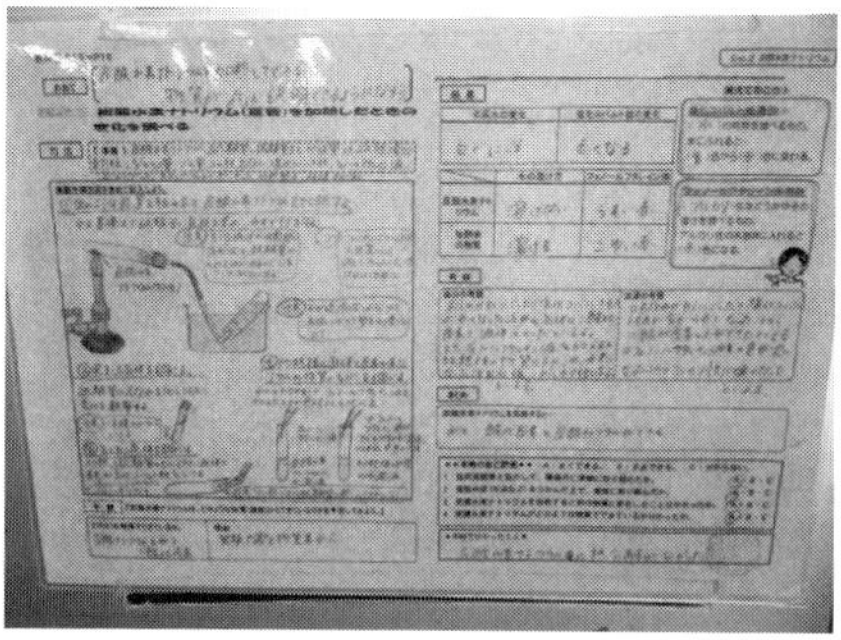
写真６

(5) 児童生徒の関心・意欲の向上

課題達成学習や家庭学習ノート（自学ノート）、業者テスト、放課後の補充学習で、生徒の学習意欲を高めるように工夫しています。また、生徒の優れたワークシートや自学ノートを掲示して、友だちのよさから学ぶことができるようにしています（写真５・６）。

(6) 校内研修

当校では、年に3回全員が校内研究授業をしています。さらに授業に関する全体研究会を年3回、指導案審議を2回行っています。現在は、教科部会で授業を見合うことを活性化しています。時間割を変更して、自習にならないように工夫しています。校内での研究授業を通して、すべての教員が自身の授業力の向上に積極的に取り組んでいます。

(7) 総括的な取り組みの考察

当校を訪問して第一に感じるのは、生徒が素直で何事にも真剣にそして積極的に取り組もうとする姿勢がはっきりと見られることです。学校学習にも家庭学習にも、そして運動や部活にも大変積極的に取り組んでいます。それは、当校のスローガンである、「一流から超一流へ」を胸に刻んで、一人ひ

写真７

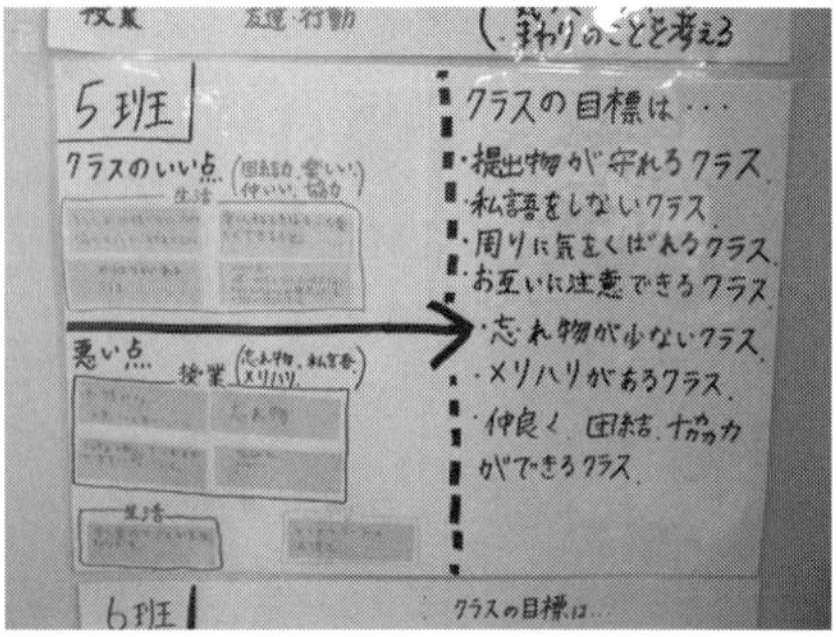

写真８

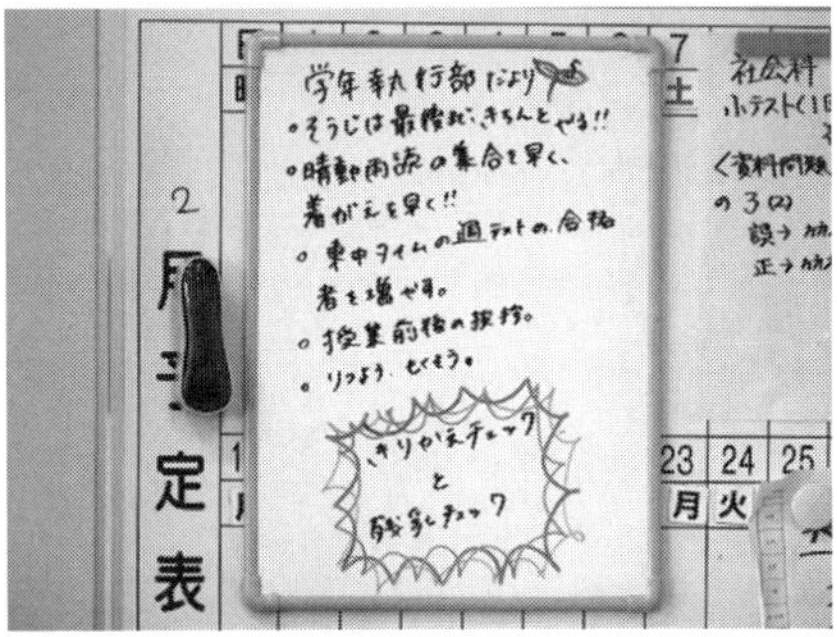

写真９

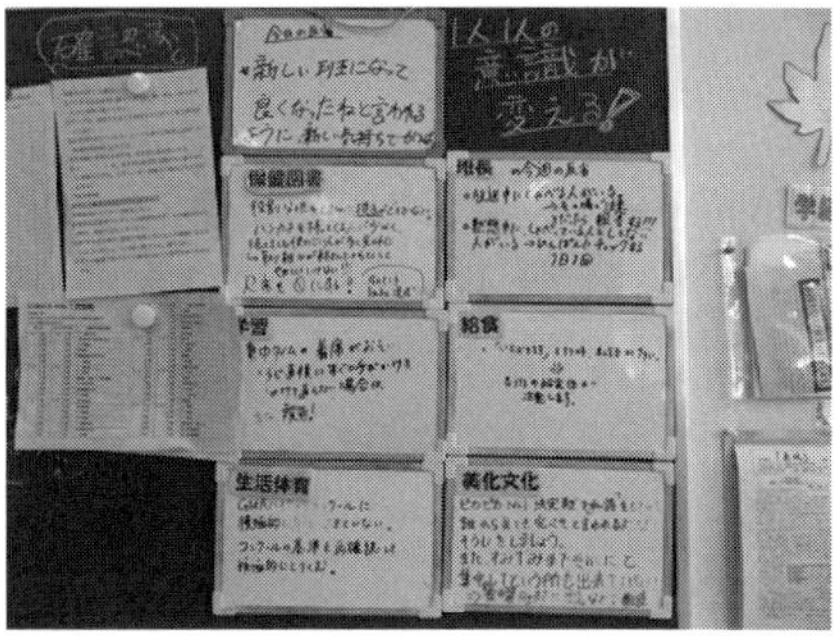

写真10

とりの生徒が何事にも頑張って取り組むようになっているからでしょう。

　そこで大切なことは、教師が上から指示してやらせているのでは継続的な効果は出にくいことです。そこで、当校では、生徒が学級内の係の組織や学年生徒会などを通して、自主的・自律的に学級の規律や学習へ取り組む積極性を維持したり高めたりすることを推進しています。そのことは、多くの学級に掲示されている、係や学年生徒会からのお願いや呼びかけによく表れています（写真７・８・９・10）。

　また、生徒同士のよさを認め合える関係づくりのために、例えば、友だちをほめる言葉をカードに書いて貼り付ける掲示を作っている学級もあります（写真11）。このような肯定的な相互評価を行うことによって、生徒同士の人間関係がよくな

写真11

写真12

り、その結果、授業でのグループワークが行いやすくなっています。さらに、学習面や生活面での自己目標を設定させることも多く、それによって自主的・自律的な自己学習を意識的に行えるようにしているのです（写真12）。

以上のような多様な取り組みは、学校長（当時）の強いリーダーシップによるところが大きいといえます。当校では、学校長の提案するビジョンに教員が協力して取り組む体制ができています。

また、生徒は授業や自学ノートといった教科学力の向上に積極的に取り組むだけでなく、朝のランニングや部活動に大変積極的に取り組んでいて、詰め込み教育に偏るのではなく、豊かな学力観や人間性のとらえ方に基づくバランスのとれた教育を行っていることがわかります。加えて、紹介したように生徒のやる気や学習意欲を高める多様な工夫がなされていて、生徒の主体性や自主性を生かしています。

【参考文献】

『平成26年度文部科学省委託研究報告書　学力調査を活用した専門的な課題分析に関する調査研究―学力向上に効果的な指導方法に関する調査研究』（研究代表者・早稲田大学大学院教職研究科田中博之、２０１５年3月31日）

おわりに

☆小学校、中学校、高等学校をつなぐ授業改善は大学入試改革で活性化する

私事で恐縮ですが、筆者は、実は共通一次試験の第一年度世代です。現在では、大学入試センター試験と呼ばれているが、今を遡ること40年近く前に国公立大学を中心とする大学入試が、マークシート方式の試験に変わったのです。

その当時、国際化を目指すべき日本の大学が、ハーバード大学やケンブリッジ大学などの世界トップクラスの大学における面接を重視した入学試験方式を参考にしないで、その逆に、知識の正確さと量を問うマークシート方式の客観テストを中心とする試験に変えることについて大きな疑問を抱いていた私は、入試改革のために教育学の研究者になろうと志したのです。

「大学入試が、その国の学校教育のあり方を規定する。」

ロンドン大学のロナルド・ドーア教授や松山幸雄氏の優れた著書での指摘を待つまでもなく、直感的にそう感じていた筆者は、中等教育における5教科の指導法が、一斉指導による知識の習得と定着に重点を置きすぎていることに反発を感じていました。

「なぜ、この高校には、思考力や表現力を育ててくれる先生はいないのだろう？」「日本の中学校や高等学校で、そうした学力を育てるにはどのような教え方があるのだろう？」

そうした素朴でありながら強い問題意識と探究心を抱いて、悩みながらも大阪大学人間科学部に入学したのでした。

筆者は、大学のゼミ選択の直前まで、制度論的なマクロな立場から研究をするか、それとも学力論を含めた教育方法論的なミクロな視点から研究をするかを決めかねていました。その時に、たまたま学部3年生になって廊下ですれ違った梶田叡一先生に「迷っているなら、うちに来なさい」というあまりに偶然であり、今思えばありがたいお誘いを受けて、後者の立場に立つ研究者になることができたのです。

それ以来、学力論の理論研究や学力調査の開発研究を地道に続けてきました。その成果をもとに、そろそろ初志を具体化し実現する年齢になったのかと、感慨深く感じるところです。

日本の中学校や高等学校が、生徒の思考力・判断力・表現力を育てる学舎となるためには、それを強く規定している大学入試を今こそ変えなければならないといえます。

もちろん一国の大学入試といっても、その内実は多様です。

その中で大きな比重を占めるのが、知識の量と正確さを問う大学入試センター試験です。最近では、ますます多くの私学が参加するようになっています。ただし、この試験を「知識の量と正確さを問う」と性格づけることに異論があるかもしれませんが、筆者の受験生としての経験上、また最近この10年間にわたる過去問の分析をした結果、資料活用問題やＰＩＳＡ調査に影響を受けたとみられる身近な生活の題材を扱った良問が増えていることについては敬意を表したいのですが、それとて、高校段階での自主勉強や予備校等のトレーニングを通して、各教科5冊程度の問題集と10年分の過去問をこなし、そこに出てくる全パターンの問題の解法を知識として記憶しておけば、センター試験では高得点が取れるようになっているのです。そこで必要となるのは、問題解決力や表現力ではなく、パターン認識力と記憶再生力だけです。

その一方で、長時間の面接やエッセイ記述などのユニーク入試が売りとなっていたＡＯ入試は、入学後の成績との相関が期待より低いことから減少傾向にあり、第二次試験で面接を課す国公立大学も減少傾向にあります。ただし、東京大学が、つい最近になって理科3類で廃止していた面接を、合格者の多様化のために全学的に復活したことは望ましいことです。

筆者は、8年ほど前にケンブリッジ大学のチャーチル・カレッジのボイド学長に入学試験のあり方についてインタビューしたことがあります。その時に、ボイド学長が力説しておられたことは、入学試験における面接の重要性でした。ケンブリッジ大学では、チャーチル・カレッジに限らず面接を重視していますが、その理由は、「面接をすることで、高度な思考力を備えているかどうかがわかるからです」ということでした。

つまり、高度な思考力を問う質問に対して、その場で当意即妙に、すべての知識と思考力、そして表現力と人間性を駆使して、深いレベルで答えるだけの問題解決的な学力と熱意を備えた生徒のみを合格にしているというのです。まさに、「我が意を得たり！」という強い印象を受けたことを覚えています。

しかし現状においては、少子化や小規模私立大学の定員増等によって入学定員割れの大学が増え、ほぼ無選抜状態で入学できる受験生が増えていることや、私大では私学の経営的観点から指定校推薦入試の定員を増やしているところも多いのです。そうなると、知識の量と正確ささえ習得していない大学1年生が増えることになります。

大学教育改革の問題の大きさが、ここに横たわっています。

それに加えて、ここで提案しているように、受験生の問題解決的な学力や活用問題を解く高度な思考力・判断力・表現力を評価する大学入試の導入をこそ急ぎたいものです。

ここで詳細な入試改革案を提案することはできませんが、重要なポイントをあげて今後の議論の活性化に期待したいと思います。また、大学入試といっても、設置者や設置形態の違いによって一般化はできないため、あくまでも基本方針としてとらえていただければ幸いです。

改革方針①　思考力・判断力・表現力を問う面接の重視
改革方針②　高校在学時に作成した自己成長アルバムの評価
改革方針③　総合的な学習の時間で作成したポートフォリオの評価
改革方針④　得意な教科において作成した研究レポートや作品の評価
改革方針⑤　論述テストにおける資料活用を伴う活用問題の出題
改革方針⑥　採点・出題に関わる業務の民間への委託
改革方針⑦　高等学校学習指導要領や教科用図書の改善

このような改革を実施するためには多くの課題が想定されますが、わが国の入試改革は待ったなしという認識を多くの大学人がもつようになってほしいものです。本書が提案するアクティブ・ラーニングを通した小中学生の正答力や記述力をアップさせる授業改善も、そのための基盤を形成するものなのですから。

【参考文献】

1　R，P，ドーア著（松居弘道訳）『学歴社会～新しい文明病』岩波書店、１９７８年
2　松山幸雄著『勉縮のすすめ～国際社会に巣立つ世代に』朝日新聞社、１９７８年

〈巻末資料1〉 大学入学共通テストの試行調査問題

第1問 青原高等学校では、部活動に関する事項は、生徒会部活動規約に則《のっと》って、生徒会部活動委員会で話し合うことになっている。次に示すものは、その規約の一部である。それに続く**【会話文】**は、生徒会部活動委員会の執行部会で、翌週行われる生徒会部活動委員会に提出する議題について検討している様子の前半部分である。後に示す、執行部会で使用された**【資料①】**〜**【資料③】**を踏まえて、各問い（**問1〜3**）に答えよ。

青原高等学校　生徒会部活動規約

第１章　総則

第１条　部は青原高等学校生徒会会員によって構成する。

第２条　部活動に関係する事項は生徒会部活動委員会で審議し，生徒総会の議決を経て職員会議に提案する。

第３条　生徒会部活動委員会は，生徒会本部役員と各部の部長によって構成する。

第４条　生徒会部活動委員会には，委員会の円滑な運営のため，次により構成する執行部を置く。

委員長	各部の部長のうちから１名
副委員長	生徒会本部役員のうちから１名
体育部代表	体育部の部長のうちから１名
文化部代表	文化部の部長のうちから１名

第２章　部の運営

第５条　部活動は部員の自主的活動によって部員の趣味・親睦を深めると同時に，人間性を高め，研究活動の充実，技術の向上を図ることを目的とする。

第６条　部活動として次の部を置く。

体育部　硬式野球部　ソフトボール部　サッカー部　剣道部　卓球部　バスケットボール部　バドミントン部　テニス部

文化部　吹奏楽部　演劇部　茶道部　美術部　書道部　琴部　新聞部　科学部

第７条　会員は自由意志により所定の手続きをとり，どの部にも所属できる。

第８条　原則として，一人の会員が複数の部に所属すること（兼部）は禁止する。ただし，体育部と文化部との兼部については，双方の顧問の了解が得られれば可能とする。

第９条　各部は部長・副部長を選出する。

第10条　部活動の終了時間は17時とする。

第11条　休日，祝日は顧問が必要と認めた場合，顧問の指導のもとに，午前中又は午後の半日部活動を行うことができる。

第３章　部の新設・休部・廃部

第12条　部の新設は，同好会として３年以上活動していることを条件とする。

第13条　条件を満たし，部として新設を希望する同好会は，当該年度の４月第２週までに，所定の様式に必要事項を記入し，生徒会部活動委員会に提出することとする。なお，提出期限に遅れた場合，部の新設は次年度以降とする。

第14条　部の新設には，生徒総会において出席者の過半数の賛成を必要とする。

第15条　部員数が５名未満であり，その活動も不活発な状態が１年以上続いたと認められる場合，生徒会部活動委員会において審議の上，休部とする。

第16条　休部の状態が２年以上続いた場合，生徒総会の議決を経た後，廃部とする。

第４章　同好会

（以下略）

【会話文】

登場する人物

島崎――委員長。剣道部部長。

森　――副委員長。生徒会副会長。新聞部部長。

永井――体育部代表。バドミントン部部長。

寺田――文化部代表。書道部部長。

夏目――教諭。生徒会顧問。

島崎　執行部会を始めましょう。今日の執行部会では、生徒会部活動委員会に提出する議題について検討します。まず何を議題とするかを考えていきましょう。最初に確認しておきますが、施設や設備の改修など、予算に関わるものは学校側に要望として提出し、委員会の議題にはしません。では、森さんから、提出したほうがよいと考える議題について説明をお願いします。

森　はい。では、**【資料①】**の中から、部活動委員会に関わりそうな議題を選ぶと、まず「ダンス部の設立」になりますね。

島崎　それは……、議題にならないのではないでしょうか。

森　ええっ、なぜですか。

島崎　現在活動中の同好会は、「軽音楽同好会」だけだからです。「ダンス部」の設立希望があるのなら、規約どおりに進める必要があります。

森　ああ、そうでした。うっかりしていました。では、この件への回答になるように、来月発行の『青原高校新聞』の「生徒会から」のコーナーに、当該年度に部を新設するために必要な、申請時の条件と手続きを、分かりやすく載せておきます。

島崎　お願いします。では、引き続き、**【資料①】**を基に取り上げる議題を挙げていきましょう。

永井　**【資料①】**から考えると、まず取り上げる議題は「部活動の終了時間の延長」ですね。

島崎　そうですね。では、次に重要だと思われる議題は何でしょうか。

寺田　「兼部規定の見直し」です。

夏目　念のために確認しておくけれど、兼部については、双方の顧問の許可だけは必要になりますよ。

寺田　はい、見直しの内容は、あくまで双方の顧問の許可があることを前提にした上での、条件の緩和です。これまで認められてこなかった［　ア　］という要望です。

島崎　なるほど、分かりました。昨年も体育部・文化部の双方から同じような条件の緩和を求める声がありましたね。他にも議題は考えられますが、この二つについて検討していきましょう。では、まず「部活動の終了時間の延長」についての提案内容をまとめていきます。みなさんの考えを聞かせてください。

寺田　延長に賛成します。個人的にも、作品展の前は時間が足りないなあ、と思うんですよね。

永井　延長を認めてほしいです。いつもあと少しのところで赤雲学園に勝てないんです。

島崎　わたしも、せめて試合前には練習時間を延長してほしいと思っているのですが、個人的な思いだけでは提案できません。何か参考になる資料はありませんか。

寺田　市内五校の部活動の終了時間がどうなっているか、まとめてみました。**【資料②】**です。

森　別の資料もあります。**【資料③】**です。新聞部が去年の「文化祭特別号」で、部活動についてまとめた記事です。

島崎　ありがとう。では、これらの資料を基にして、部活動の終了時間の延長を提案してみましょう。

森　ちょっと待ってください。提案の方向性はいいと思うのですが、課題もあると思います。［　イ　］

島崎　なるほど、そう判断される可能性がありますね。それでは、どのように提案していけばいいか、みんなで考えましょう。

【資料①】

部活動に関する生徒会への主な要望

要望の内容	要望したクラス	生徒会意見箱に投函《とうかん》された数
ダンス部の設立	1年A組　1年B組 1年C組	35通
部活動の終了時間の延長	1年D組　2年C組 2年D組	28通
シャワー室の改修	3年A組　3年B組	19通
照明機器の増設	2年A組　3年D組	15通
兼部規定の見直し	3年C組	25通
同好会規定の見直し	2年B組	13通

・投函された意見の総数は148通，そのうち部活動に関する要望は135通。
・今年度4月末の生徒総数は477人。各学年は4クラス。

【資料②】

市内5校の部活動の終了時間

高等学校名	通常時	延長時	延長に必要な条件
青原高等学校	**17時00分**	**−**	**−**
青春商業高等学校	17時00分	18時00分	大会・発表会等の前かつ顧問の許可
白鳥総合高等学校	18時30分	−	−
赤雲学園高等学校	17時00分	18時00分	顧問の許可
松葉東高等学校	17時00分	18時30分	顧問の許可

【資料③】
青原高校新聞（平成28年９月７日　文化祭特別号　青原高等学校新聞部）　抜粋

青高生の主張

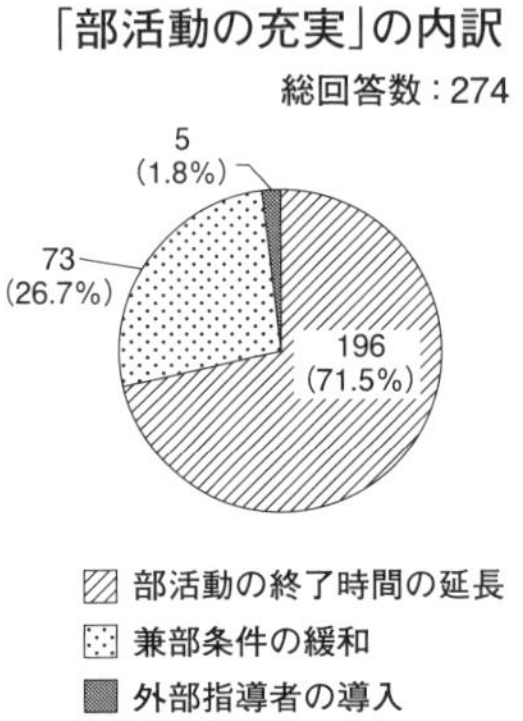

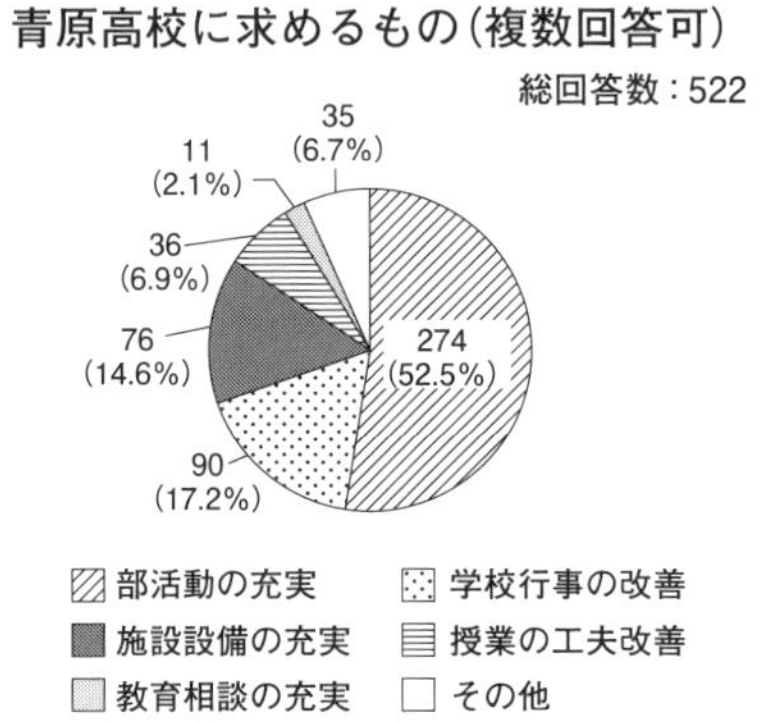

第一位は「部活動の充実」

新聞部「青高アンケート」結果発表

先日、新聞部が実施した「青高アンケート」（七月十五日実施）の結果によると、学校側への要望で、最も多かったものは「部活動の充実」、二番目は「学校行事の改善」であった。

「部活動の充実」の内訳では、「部活動の終了時間の延長」という回答が最も多かった。これは、秋の新人戦・作品展に向けた練習・準備が活発化する中、近隣高校に比べて活動時間が短い、という思いの表れであろう。

硬式野球部主将の中野さんは、「青原高校の生徒は、部活動があるからといって学業をおろそかにするとは考えられない」と語る。また、吹奏楽部部長の樋口さんは、「部活動を一生懸命やりたい後輩は、白鳥総合高校を目指してしまうから、ぜひ部活動の終了時間を延長してほしい」と訴えた。

しかし、部活動の終了時間の延長の実現には課題もある。青原市作成の「通学路安全マップ」によれば、本校の通学路は、歩道も確保できないほど道幅が狭い。また、交通量のピークは午前七時前後と午後六時前後とされている。生徒指導担当の織田先生は、「部活動の終了時間の延長を認めた場合、生徒の下校が集中する時間帯の安全確保に問題が生じるのではないか」と語っている。

問1 傍線部「当該年度に部を新設するために必要な、申請時の条件と手続き」とあるが、森さんが新聞に載せるべき条件と手続きはどのようなことか。五十字以内で書け（句読点を含む）。

問2 空欄 ア に当てはまる言葉を、要望の内容が具体的に分かるように、二十五字以内で書け（句読点を含む）。

（次は問2の下書き欄。**解答は必ず解答用紙に書くこと。**）

という要望です。

問3 空欄 イ について、ここで森さんは何と述べたと考えられるか。次の⑴〜⑷を満たすように書け。

⑴ 二文構成で、八十字以上、百二十字以内で書くこと（句読点を含む）。なお、会話体にしなくてよい。

⑵ 一文目は「確かに」という書き出しで、具体的な根拠を二点挙げて、部活動の終了時間の延長を提案することに対する基本的な立場を示すこと。

⑶ 二文目は「しかし」という書き出しで、部活動の終了時間を延長するという提案がどのように判断される可能性があるか、具体的な根拠と併せて示すこと。

⑷ ⑵・⑶について、それぞれの根拠はすべて**【資料①】**〜**【資料③】**によること。

（平成29年11月実施分　国語科現代文より）

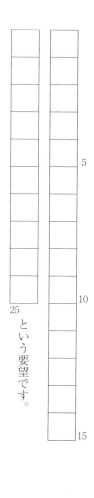

平成３０年度全国学力・学習状況調査　　小学校調査

全国学力・学習状況調査結果チャート

○○○○●○○○○○●○○公立○学校２

・以下の集計値／グラフは，貴校の調査の結果を集計した値である。
※ただし，教科学力領域については，４月１７日に調査を実施した児童の結果を集計した値である。
　尚，４月１７日に実施していない学校については，４月１８日以降５月１日までに実施した児童の結果を集計した値とする。
※チャートの詳細については，別添「調査結果に関する補足説明　全国学力・学習状況調査結果チャートについて」を参照のこと。

児童数
32,003

［学校運営］

学校質問紙（全国基準）

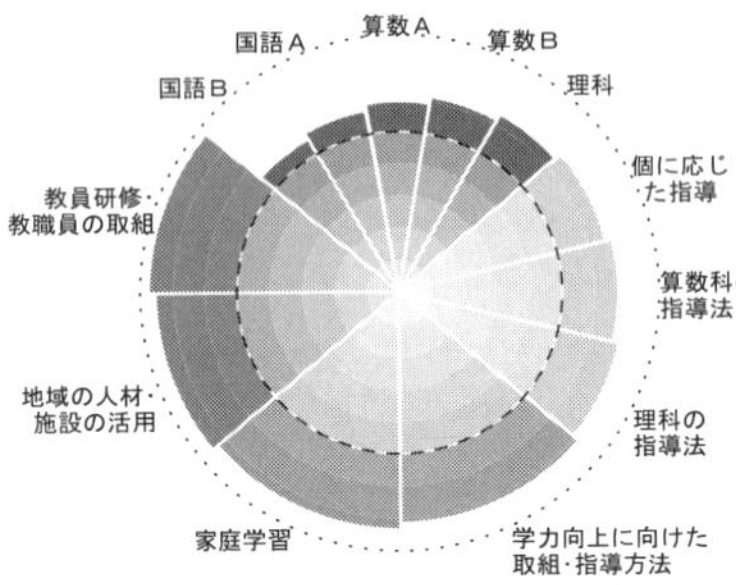

［児童生徒］

児童質問紙（全国基準）

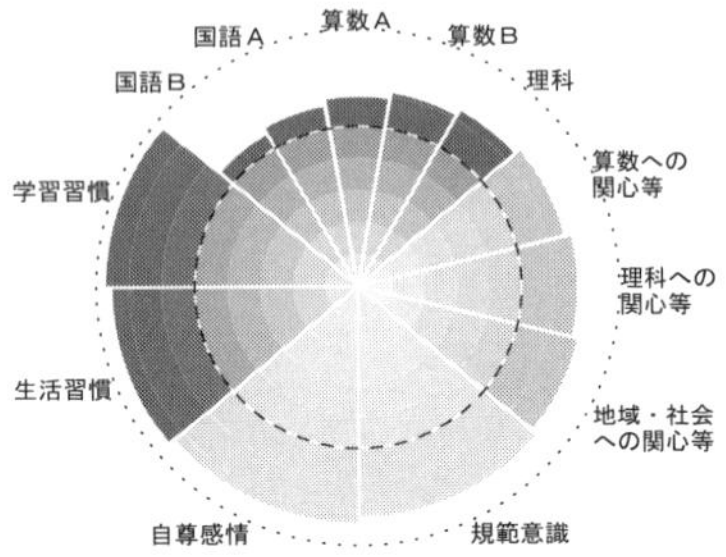

学校質問紙（都道府県基準）

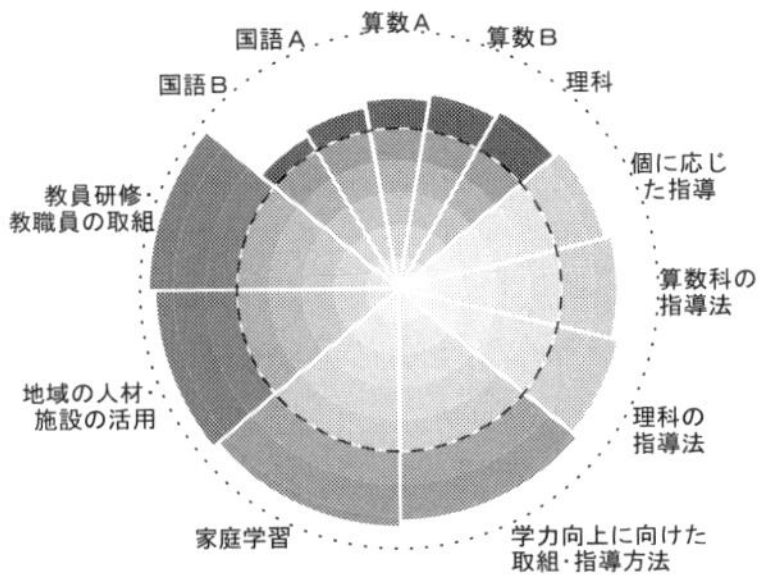

児童質問紙（都道府県基準）

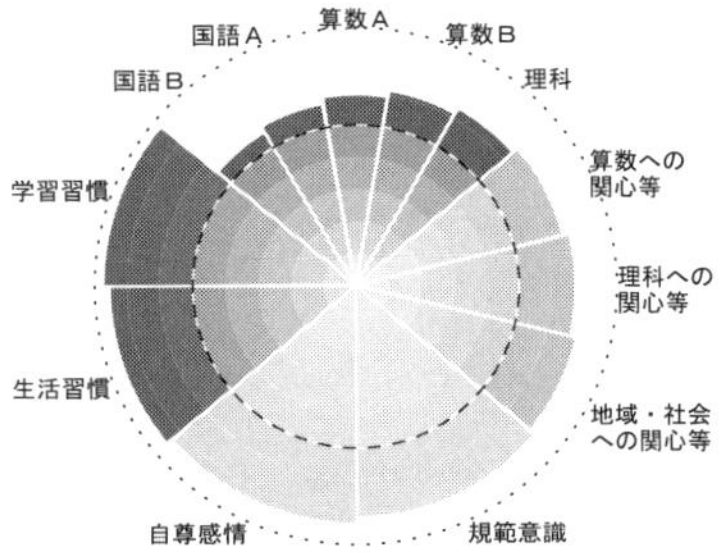

＜平成３０年度調査の領域名と学校質問紙の質問番号の対応一覧表＞

領域番号		領域名		小学校学校質問紙 対応領域・項目番号
Ⅰ	１	教科学力	国語A	
	２		算数A	
	３		国語B	
	４		算数B	
	５		理科	
Ⅱ	６	教科指導	個に応じた指導	(35) (36)
	７		算数科の指導法	(37)～(40)
	８		理科の指導法	(42)～(51)
Ⅲ	９	学力向上	学力向上に向けた取組・指導方法	(22)～(27) (30)
	１０		家庭学習	(63)～(71)
Ⅳ	１１	学校経営	地域の人材・施設の活用	(53)～(55) (57) (59)～(62)
	１２		教員研修・教職員の取組	(16)～(20) (72)～(76) (78)～(84)

＜平成３０年度調査の領域名と児童質問紙の質問番号の対応一覧表＞

領域番号		領域名		小学校児童質問紙 対応領域・項目番号
Ⅰ	１	教科学力	国語A	
	２		算数A	
	３		国語B	
	４		算数B	
	５		理科	
Ⅱ	６	学習に対する関心・意欲・態度	算数への関心等	(27)～(36)
	７		理科への関心等	(38)～(45) (47)～(50) (52) (53)
	８		地域・社会への関心等	(19)～(26)
Ⅲ	９	規範意識・自尊感情	規範意識	(4)～(6)
	１０		自尊感情	(1) (3)
Ⅳ	１１	学習の基盤となる活動・習慣	生活習慣	(7)～(9)
	１２		学習習慣	(10)～(12)

【資料提供校一覧】

Ⅱ章

写真１：葛飾区立高砂小学校

写真２：鳥取市立千代南中学校

写真３・４：新潟市立小須戸中学校

写真５・６：山梨市立日川小学校

写真７：堺市立浜寺小学校

写真８：大垣市立興文小学校

写真９：石川県立金沢錦丘中学校

写真10：小松市立芦城中学校

写真11：大垣市立興文小学校

写真12：京都市立御所南小学校

[著者プロフィール]
田中　博之（たなか・ひろゆき）
早稲田大学教職大学院　教授

1960年北九州市生まれ。大阪大学人間科学部卒業後、大阪大学大学院人間科学研究科博士後期課程在学中に大阪大学人間科学部助手となり、その後大阪教育大学教授を経て、2009年４月より現職。1996年及び2005年に文部科学省長期在外研究員制度によりロンドン大学キングズカレッジ教育研究センター客員研究員を務める（マーガレット・コックス博士に師事）。専門は、教育工学および教育方法学。

著書に、
『総合的な学習で育てる実践スキル30』明治図書出版、2000年（単著）
『フィンランド・メソッドの学力革命』明治図書出版、2008年（単著）
『子どもの総合学力を育てる』ミネルヴァ書房、2009年（単著）
『学級力が育てるワークショップ学習のすすめ』金子書房、2010年（単著）
『言葉の力を育てる活用学習』ミネルヴァ書房、2011年（編著）
『学級力向上プロジェクト』金子書房、2013年（編著）
『学級力向上プロジェクト２』金子書房、2014年（編著）
『学級力向上プロジェクト３』金子書房、2016年（編著）
『改訂版カリキュラム編成論』NHK 出版、2016年（単著）
『アクティブ・ラーニング実践の手引き』教育開発研究所、2016年（単著）
『アクティブ・ラーニング「深い学び」実践の手引き』教育開発研究所、2017年（単著）
『アクティブ・ラーニングの学習評価』学陽書房、2017年（単著）
『「考え、議論する」道徳ワークショップ』明治図書出版、2018年（共著）
『若手教員の学級マネジメント力が伸びる！』金子書房、2018年（編著）、他多数。

研究活動として、学級力向上プロジェクトのカリキュラム開発、道徳ワークショップの指導法の開発、アクティブ・ラーニングの授業開発、学力調査の開発研究等、これからの21世紀の学校に求められる新しい教育手法を作り出していく先進的な研究に従事。

文部科学省「全国的な学力調査に関する専門家会議」委員（2007年～）

メールアドレス：hiroyuki@waseda.jp

2019年度からの新方式はこうなる！
**アクティブ・ラーニングによる
新全国学テ・正答力アップの法則**

GAKUGEI MIRAISHA

2019年４月20日　初版発行

著　者　　田中博之
発行者　　小島直人
発行所　　株式会社 学芸みらい社
〒162-0833 東京都新宿区箪笥町31 箪笥町 SK ビル
電話番号 03-5227-1226
http://www.gakugeimirai.jp/
e-mail : info@gakugeimirai.jp
印刷所・製本所　藤原印刷株式会社
企　　画　樋口雅子
校　　正　大場優子
トビラのイラスト　加藤麻子
装丁デザイン　小沼孝至

落丁・乱丁本は弊社宛てにお送りください。送料弊社負担でお取り替えいたします。

ISBN978-4-909783-05-9 C3037